소중한 _____ 님에게
이 책을 드립니다.

삶의 지혜, 성공 지침서

위대한 메시지 [*The Great Message*]

저 자 박승희
발행인 고본화
발 행 반석출판사
2012년 6월 20일 초판 1쇄 인쇄
2012년 6월 27일 초판 1쇄 발행
반석출판사 | www.bansok.co.kr
이메일 | bansok@bansok.co.kr
트위터 | @bansok_books

157-779 서울시 강서구 염창동 240-21 우림블루나인 비즈니스센터 B동 904호
대표전화 02) 2093-3399 팩 스 02) 2093-3393
출 판 부 02) 2093-3395 영업부 02) 2093-3396
등록번호 제315-2008-000033호

Copyright ⓒ 박승희

ISBN 978-89-7172-676-1 (03320)

값 9,500원

삶의 지혜, 성공 지침서

위대한 메시지

The Great Message

발타자르 그라시안 원저
박승희 편저

머리말

이 책의 원저자인 발타자르 그라시안은 17세기 에스파냐의 작가입니다. 그는 1601년에 아라곤 지방의 조그만 마을에서 태어나 18세 때 예수회의 성직자가 된 후 50년 동안 교단에 종사했습니다.

그 당시 에스파냐 사회는 부패했으며, 나라는 쇠퇴의 조짐이 보이기 시작했습니다. 그런 시기에 그라시안은 인간의 삶에 대해서 고찰하고 '거기에 어떻게 대처해야 하는가.'라는 질문을 던졌습니다.

이 책은 그라시안의 저작들 속에 실린 글을 뽑아 엮은 것인데 시간과 장소, 상대방에 따라서 책략을 세우고 기만도 굳이 마다하지 않는 마키아벨리적인 처세술을 담고 있습니다.

17세기 에스파냐에서 살았던 그라시안의 지혜는 오늘날에도 빛을 발하고 있습니다. 아니, 사람들의 가치관이 더욱 다양해지고 인간관계가 한층 더 복잡해진 현대에, 실제적인 처세의 지혜를 가르치는 그라시안의 말은 점점 그 가치를 더해가

고 있습니다. 특히 세상의 제일선에서 활동하고 있는 사람에게는 인생의 좋은 지침서가 될 것입니다. 앞으로 세상에 나아가 날갯짓하려는 젊은이들에게는 최고의 길잡이가 되어줄 것입니다.

『신탁필휴』를 번역한 크리스토퍼 무어러는 밴더빌트 대학의 스페인 · 포르투갈어학과 주임교수로 르네상스 및 바로크 시대의 스페인의 시에 조예가 깊습니다. 그에 의하면 그라시안의 원문은 생략이 많은 간결한 문체로 대구對句와 속담, 명언에 빗댄 말이 빈번하게 사용되어 읽는 재미를 더해준다고 합니다.

아무쪼록, 이 책이 험난한 세상을 살아가는 모두에게 도움을 줄 수 있는 귀한 책이 되기를 기원합니다

The Great Message

목차

제1장

·

인간관계를
위한 지혜

사랑받고 싶으면 먼저 사랑하라

세상 사람들에게 칭송받는 것은 훌륭한 일이다. 하지만 그보다 더 중요한 것은 사람들에게 사랑받는 일이다. 사람들에게 사랑받는다는 것은 행운보다는 자신의 노력에 달려 있다. 행운에 의해서 시작된 일이라 할지라도 그것을 성취하기 위해서는 노력이 필요하다.

내가 베푼 은혜에 따라서 상대방의 호의도 달라지는 법이다. 최대한 친절하게 사람들을 대하라. 평소 언동에 더욱 신경을 쓰라. 다른 사람에게 사랑받고 싶다면 자신이 먼저 사랑하라. ⸸

다른 사람들의 진의를 파악하라

다른 사람이 은연중에 내비치는 진의를 파악하여 교묘하게 이용하라. 그것이 대인관계를 원만하게 해주는 열쇠가 된다. 사람들은 은근히 에둘러서 말해 상대방의 머리가 얼마나 좋은지 시험해보기도 하고, 속마음을 가만히 떠보기도 한다. 타인의 기분이나 생각은 전혀 신경 쓰지도 않은 채 악의에 가득 찬 마음을 은연중에 나타내기도 하고, 질투심이라는 강렬한 독이 발린 마음을 내비치기도 한다.

이는 호의와 존경을 얻고 있는 사람을 일격에 끌어내릴 수 있다. 아주 사소한 비아냥으로 받은 상처가 원인이 되어 추락의 길을 걷게 된 사람도 있다. 그들을 권좌에서 끌어내린 사람들은 불만이 높아지고 통렬한 비난이 쏟아져도 조금도 물러서지 않는다.

이와는 달리 호의가 가득한 마음을 은연중에 내비치는 경우도 있는데, 이는 사람의 명성을 지탱해주는 역할을 한다. 그런데 이러한 호의의 화살을 받기 위해서는 악의에서 쏘아 올린 화살을 받을 때와 마찬가지로 기술이 필요하다. 주의 깊게 기다리고 있다가 신중하게 받아들여야 한다. 적을 아는 것은 최선의 방어책이다. 적이 일격을 가하려고 하면 피할 준비를 하고, 호의를 베풀면 잘 받아들여 내 것으로 만들 준비를 해야 한다. ╬

상대방의 속내를 정확하게 꿰뚫어 보라

상대가 자신의 검은 속내를 교묘한 말이나 정중한 태도로 숨기려 해도, 언제나 정확한 시선으로 그 정체를 꿰뚫어 보아야 한다.

위인이라고 불리는 사람들에게도 결점이 있다. 그 결점은 그가 명성을 얻는 데에 아무런 도움도 되지 않는다. 그런데 사람들은 그 사실을 알지 못한다. 훌륭한 사람처럼 행동하면 틀림없이 성공할 것이라 생각하고 결점까지도 그대로 배우려고 한다. 상대에 영합하고 결점이나 단점까지도 흉내 내려 한다. 위인의 경우에는 눈감아 줄 수 있는 일이라 할지라도 평범한 사람의 경우에는 흠이 된다는 사실을 그들은 결코 알지 못한다. ✝

상대방에게 눈높이를 맞춰야 한다

상대방에게 눈높이를 맞추라. 이것은 프로테우스*가 가르쳐주는 지혜이다. 학자를 대할 때는 학자처럼, 성인聖人을 대할 때는 성인처럼 행동하는 것이다. 바로 이것이 사람들의 마음을 사로잡는 방법이다. 누구나 자신과 비슷한 사람에게는 호의를 갖기 마련이다.

그 사람의 성격을 유심히 관찰해서 파악하고 거기에 자신을 맞추어야 한다. 상대가 성실한 사람이든, 쾌활한 사람이든 그때그때의 상황에 따라서 재치 있게 자신을 바꿔가는 것이다. 특히 다른 사람의 힘에 의지하고 있는 사람은 더더욱 그렇게 하지 않으면 안 된다. ☨

* 그리스 신화에 나오는 '바다의 신'으로 모습을 자유자재로 바꾸는 능력과 예언력을 가지고 있다.

현명한 사람은 다른 사람의 진가를 인정한다

사람은 누구나 다른 사람보다 뛰어난 무엇인가를 가지고 있는 법이다. 각 사람들의 장점을 파악해 두면 여러 가지로 도움이 된다.

현자賢者는 상대방이 누구든 언제나 경의를 품고 사람을 대한다. 그 이유는 모든 사람에게서 좋은 점을 찾아내기 때문이며, 자신이 그 사람보다 부족한 부분이 있을 것이라는 겸손함을 지녔기 때문이다. 어리석은 사람은 상대방이 누구든 그 사람을 경멸한다. 이는 무지한 탓이기도 하고, 다른 사람의 결점을 발견해내고 기뻐하는 성격 탓이기도 하다. ♰

마음에 상처를 쉽게 받으면 원만한 인간관계를 유지하지 못한다

마음에 쉽게 상처를 받는 사람은 원만한 인간관계를 유지하지 못하는 경우가 많다. 그들은 친구를 사귀지 못할 뿐 아니라 사소한 일에도 마음이 어지러워지고 남들에게 자신의 나약함을 드러내 보인다. 사사건건 화를 내 주위 사람들을 불안하게 만든다. 그들의 마음은 쉽게 상처 받으며, 조심조심 다가서지 않으면 커다란 상처를 입을 것 같기 때문에 진지하게, 혹은 장난으로라도 상대를 하려는 사람이 없어져 버린다.

그런 사람은 남들의 사소한 말이나 대수롭지 않은 일에 바로 화를 낸다. 이들을 상대할 때는 언제나 조마조마한 마음으로 대화를 나눠야 하며, 쉽게 상처받는다는 사실을 늘 염두에 두어야 한다. 그들은 자신이 좋아하는 일만을 추구하기 때문에 다른 사람을 배려하지 못해 결국 혼자 남게 된다. ‡

악평은 순식간에 퍼져 나간다

대중은 수많은 머리를 가진 괴물이다. 사방팔방으로 열린 눈은 적의를 품고 있으며, 수많은 입에서는 중상中傷의 말들이 쏟아져 나온다.

사람들 눈에 띄기 쉬운 약점이나 어리석은 결점은 대중이 선호하는 먹잇감이다. 때로는 질투심에 휩싸인 적대자가 이러한 결점을 교묘하게 날조하기도 한다. 세상에는 험담을 일삼는 사람이 있기 마련인데, 그들은 뻔뻔스러운 거짓말이 아닌 단 한마디의 농담으로도 높은 평가를 얻고 있는 사람의 명성까지 훼손시키곤 한다.

악평은 순식간에 퍼져 나간다. 나쁜 소문일수록 쉽게 믿기 때문인데 그것은 아무리 지우려 해도 쉽게 지워지지 않는다. 한 개의 소문이라도 미연에 방지하는 것이 후에 오명을 씻는 것보다 열 배나 더 간단한 일이다. ✝

자기 자신에 대한 이야기는 하지 않는 것이 좋다

자신에 대한 이야기를 하면 아무래도 자랑이나 자기 비하를 하게 된다. 자랑을 하면 잘난 척한다는 인상을, 비하를 하면 못난 사람이라는 인상을 줄 수 있다. 양쪽 모두 양식良識 없음이 드러나 사람들에게 미움을 사게 될 것이 뻔하다.

친구 사이에서도 자신의 이야기를 하지 않는 것이 좋지만, 지위가 높은 사람들과 이야기할 때는 더욱 조심해야 한다. 그런 위치에 있는 사람은 많은 사람들 앞에서 이야기하는 경우가 많은데 그럴 때 조금이라도 잘난 척하는 모습을 보이면 어리석은 사람으로 취급을 받게 된다.

그리고 함께 자리한 사람에 대해 이야기하는 것도 결코 현명한 처사가 아니다. 입에 발린 소리 혹은 험담을 하게 되어 결국 진퇴양난의 상황에 빠질 수 있기 때문이다. ╪

대화는 간결하고 짧을수록 효과적이다

사람들과 이야기를 할 때 이야깃거리가 언제나 똑같아도 문제지만 과장해서 이야기하는 것도 역시 문제가 아닐 수 없다. 간결한 이야기는 기분을 좋게 해주며 그다지 내용이 없는 이야기라 할지라도 내실이 있는 것처럼 들린다. 물론 짧은 이야기일수록 좋다고 해서 성의 없게 말한다면 모든 것이 엉망이 되어버리고 만다.

예의를 지켜서 간결하게 말하면 많은 것을 얻을 수 있다. 좋은 이야기는 간결하게 말하면 더욱 좋다. 하찮은 이야기라 할지라도 짧게 말하면 그다지 나쁘게 들리지는 않는다. 필요한 포인트만을 잡아서 짧게 이야기하는 편이 여러 가지 것들을 뒤죽박죽 이야기하는 것보다 훨씬 더 효과적이다.

　사람의 마음을 편안하게 해주기보다는 떠들썩하게
만들기를 좋아하는 사람들이 있다. 이런 사람들의 이야기는
알맹이가 없는 말들로 장식되어 있을 뿐 그다지 도움이 되지
않기 때문에 제대로 귀 기울여 듣는 이가 아무도 없다.

　사려 깊은 사람이라면 자신의 이야기 때문에 상대방
이 싫증을 내게 해서는 안 된다. 특히 상대방이 일류 인사일
때는 더더욱 그렇다. 그들은 언제나 바쁘기 때문이다. 이런 사
람들의 기분을 상하게 하는 것은 평범한 사람들을 화나게 하
는 것보다도 훨씬 더 좋지 않다. 이야기를 잘하고 싶다면 무슨
말이든 짧게 하라. †

망각보다 더 강한 복수도 없다

무시하는 방법을 익혀라. 필요한 것이 있을 때 그렇지 않은 척해보는 것도 하나의 방법이다.

복수를 할 때도 상대방을 완전히 무시하는 것이 좋다. 다른 사람이 중상을 할 때는 그것을 묵살해버리는 것이 현명하다. 자신의 결백을 증명하겠다며 글의 힘을 빌려 상대를 비방해서는 안 된다. 기록은 영원히 남기 때문에, 상대방을 혼내주는 것이 아니라 그 사람의 이름이 영원히 남도록 도와주는 꼴이 되어 버릴지도 모른다.

또한 망각보다 더한 복수도 없다. 하찮은 무리들에 관한 일은 기억 저편으로 밀어내 잊어버려라. 세상에는 구제할 방법이 없을 정도로 어리석은 자들이 있다. 그들은 이 세상의 보석이라고 할 수 있는 사람들에게 불을 질러서라도 자신의 이름을 후세에 남기려고 한다.

불평불만을 토로하는 자는 무시해버리고 상대해주지 않으면 제풀에 꺾인다. 쓸데없이 반박했다가는 혹독한 일을 당하게 된다. 그렇다고 해서 그런 사람들의 불만을 옳다고 인정하면 괜히 다른 사람들의 입에 오르내릴지도 모른다.

어쨌든 나에게 맞서 싸우려는 자가 있다는 것은 행복한 일이다. 그것은 나의 가치가 인정받고 있다는 사실에 다름 아니다. 상대방의 비난이나 중상으로 상처를 입게 된다 하더라도, 자신의 가치가 크게 실추되지는 않는다. ✝

불평을 토로하면 불평을 사게 된다

불평을 해봐야 사람들은 동정해주지도, 위로해주지도 않는다. 피해를 당했다며 불평을 털어놓으면, 그것을 들은 사람은 이미 그 사람이 그런 취급을 받았으니 어떤 모욕을 받아도 상관없을 것이라고 생각하게 된다. 지난날의 불만을 이야기하면 그것이 새로운 불평의 씨앗이 된다.

불평을 하는 자는 상대방의 도움을 기대하고 위로해주기를 바라겠지만, 그것을 듣는 사람은 내심 비웃고 심지어 경멸하게 될지도 모른다.

자신에게 수치가 될 만한 일이나 모욕을 당했던 일은 결코 남에게 이야기해서는 안 된다. 이야기해도 좋은 것은 다른 사람에게 받은 호의밖에 없다. †

기대감은 오래 남지만 고마움은 바로 잊혀진다

현명한 사람은 다른 사람이 고마워하는 사람보다는 그들에게 필요한 사람이 되려고 한다. 노골적인 감사의 말을 들어도 기뻐하지 않는다. 그보다는 기대감을 예의 바르게 표현하는 편이 훨씬 더 낫다고 생각한다. 기대감은 사람의 마음에 오래도록 남지만 감사의 마음은 바로 잊혀지기 때문이다.

감사하기보다는 의지하도록 하는 편이 훨씬 더 많은 것을 얻을 수 있다. 우물물로 목을 축인 자는 우물에서 떠나버린다. 과즙을 다 짜낸 오렌지는 한낱 쓰레기에 지나지 않는다. 의지하려는 마음이 사라지는 순간 상대의 마음은 급변한다. 공경의 태도는 사라지며 경의도 없어진다. 끊임없이 의존하도록 만들고, 요구를 완전히 들어주지 않는 의존관계를 유지하라. 그렇게 하면 왕의 마음도 사로잡을 수 있다. †

자아도취는 경멸을 부를 뿐이다

자신의 이야기에 그 누구도 감탄하지 않는데 혼자 무아지경에 빠져서 뭘 어쩌자는 말인가? 자기만족은 경멸을 부를 뿐이다. 스스로 자신을 치켜세우면 그것이 쌓여서 언젠가는 자신에게 되돌아오게 된다.

이야기를 할 때, '안 그렇습니까?', '그렇죠?'라며 끊임없이 상대방의 동의를 구하는 사람들이 있다. 자신의 판단에 확신을 갖지 못하고 상대방의 동의나 칭찬을 억지로 끌어내려는 것이다.

허영심이 강한 사람도 마치 메아리와 이야기를 나누고 있는 것처럼 끊임없이 상대방에게 동의를 구한다. 그들이 자신의 이야기에 자신감이 없는 듯한 모습을 보이면 어리석은 자가 곧 '맞습니다!'라며 그들을 구원하는 것이다. ✝

험담을 늘어놓으면 더욱 혹독한 험담에 시달린다

험담을 해서는 안 된다. 유명한 사람을 공격함으로 해서 자신의 이름을 알려서는 안 된다. 비천한 험담은 위트도 그 무엇도 아니다. 그런 얘기를 해봐야 상대는 기뻐하지 않으며 오히려 말한 사람을 싫어하게 될 것이다. 또한 험담의 대상이 된 사람은 언젠가는 이를 되돌려주겠다며 나에 대한 험담을 하기 시작할 것이다. 그렇게 되면 나를 적대시하는 사람만 늘어날 뿐이며, 결국 중과부적衆寡不敵, 힘 한 번 쓰지 못하고 질 것이 뻔하다.

다른 사람의 불행을 기뻐해서는 안 되며, 다른 사람의 실패에 대해 이런저런 비평을 가해서도 안 된다. 험담을 하며 돌아다니는 자는 반드시 미움을 받게 된다. 다른 사람의 험담을 늘어놓는 자는 더욱 혹독한 험담을 듣게 될 것이다. †

대접받고 싶으면 먼저 대접하라

다른 사람에게 미움받을 만한 짓을 해서는 안 된다. 일부러 사람들의 반감을 살 만한 짓을 할 필요가 어디 있겠는가? 하지만 가만히 있는데도 사람들에게 미움을 받게 되는 경우도 있는 법이다. 특별한 이유도 없이 다른 사람을 미워하는 자는 세상에 헤아릴 수도 없이 많다. 왜 미워하는지 그들도 그 이유를 알지 못한다.

다른 사람에게 미움받고 싶은 사람은 세상에 아무도 없다. 그런 사람이 있다면 그는 다른 사람에게 불쾌감을 주고 싶어 하는 사람이거나 다른 사람에게 좋지 않은 감정을 품고 있는 사람일 것이다. 일단 증오심이 사람의 마음속에 뿌리를 내리면 악평과 마찬가지로 아무리 씻어내려 해도 좀처럼 깨끗하게 씻어지질 않는다.

이런 사람은 양식 있는 사람을 무서워하며, 험담하는 사람을 경멸하고, 오만한 사람을 모멸하고, 어리석은 자를 혐오한다. 하지만 그런 사람도 매우 뛰어난 인물에게는 경의를 표하는 법이다.

다른 사람이 존중해주기를 바란다면, 우선 자신이 먼저 상대방을 존중해야 한다. 남들이 따뜻하게 대해주기를 바란다면 상대방을 배려하는 마음으로 대해야 한다. ‡

사람에 대해 평가를 내릴 때는 더욱 신중해져라

다른 사람을 지나치게 칭찬하는 것은 그리 현명한 처사가 아니다. 지나친 칭찬은 상대방에게 부담을 주기 때문이다.

칭찬은 호기심을 불러일으키며 기대하는 마음을 갖게 하는데, 후에 그 칭찬이 과대평가에서 나온 것이라는 사실을 알게 되면 기대가 무너졌다는 생각에서 칭찬하던 자와 칭찬받던 자 모두를 한없이 깎아내리게 되는 경우가 흔히 있다.

참으로 뛰어난 자는 다른 사람에 대해 높은 평가를 내릴 때 더욱 신중해져야 한다. 지나친 칭찬도 일종의 거짓말이다. 그 때문에 식견이 없다는 소리를 들을 뿐 아니라 자신에 대한 평가도 떨어지게 된다. ✝

지나치게 상냥한 사람을 경계하라

누구에게나 상냥하게 구는 사람은 다른 사람을 속이려 드는 사람이다. 마법의 약 같은 것을 사용하지 않고서도 마법을 거는 자들이 있다. 모자를 벗어 우아하게 인사하는 모습만으로도 어리석은 사람들을 매료시켜버린다.

이런 사람들은 누구에게나 상냥하게 대하며 신세를 진 일이 있어도 교묘한 말로 상대를 구슬려 흐지부지 넘어간다. 무슨 일이든 가볍게 약속하지만 그것을 지키려 하지 않는다. 그들의 약속은 어리석은 자를 속이기 위한 덫에 불과하다.

지나치게 상냥하게 대하는 것은 상대방을 공경해서가 아니라 흑심을 품고 있기 때문이다. 상대방에게 예의를 표하기 위해서가 아니라 어떤 보답을 기대하는 것일 뿐이다. †

존경받고 싶다면 분별력 있게 행동하라

존경받고 싶다면 분별력을 가지고 행동하라. 쓸데없이 잘난 척하거나 능력을 자랑하면 오히려 역효과를 낳을 뿐이다. 참된 인간이 되는 것이 명성을 얻는 정도正道이며, 인간성을 높이려 노력하는 것만이 참된 인간의 도리이다.

정직함만으로는 부족하며, 근면함만으로도 충분치 않다. 그저 정직하기만 하면 재미없는 인간이라고 여겨져 오히려 평판이 나빠질 수도 있다. 인간성을 높이려는 노력을 하고 동시에 자신의 진가를 사람들에게 알리는 기술도 알고 있어야만 한다. ╬

악한 사람에게는 비난하지 마라

삐딱한 시선을 가진 사람들은 다른 사람이 행하는 모든 일을 나쁘게만 보고 비난한다. 격정에 휩싸여서 그러는 것이 아니라 성격상 그러지 않고는 배기지 못하는 것이다. 다른 사람이 이미 해놓은 일을 따지고 들며 하려는 일에도 비난을 쏟아내고 상대방이 누구든 공격을 퍼붓는다.

이런 사람들은 다른 사람을 과장되게 비판한다. 바늘처럼 조그만 과실을 봉처럼 커다란 실수인 듯이 말하고 다니며, 그 봉으로 상대를 때려눕히려고 한다. 이런 자들이 주위에 있다면 낙원도 지옥으로 변해버리고 말 것이다.

이에 반해 선량한 사람들은 무슨 일이든 관대하게 받아들인다. 다른 사람이 어떤 좋지 못한 일을 해도 악의는 없었다거나 조그만 부주의로 실수를 한 것이라고 말하며 상대방을 감싸주려 한다. ✝

다른 사람의 결점을 받아 들이는 게 결국 자신을 위한 길이다

못생긴 사람도 자꾸 보면 그렇게 못생겨 보이지 않는다. 꼭 그 사람에게 의지해야 한다면 자신에게 좋은 점만 보면 된다.

절대로 함께 생활하기 싫은 불쾌한 사람과 함께 생활해야만 하는 경우도 있다. 그런 사람에게 익숙해지기란 매우 어려운 일이지만, 언젠가는 그의 추함이 신경 쓰이지 않을 정도로 익숙해지게 된다.

그리고 일단 익숙해지면 그들이 무슨 짓을 해도 놀라지 않을 것이다. 실제로 불쾌한 일이 일어나도 점점 견딜 수 있게 된다. 함께하고 싶지 않은 사람을 피할 수 있다면 좋겠지만 그럴 수 없다면 그 사람의 결점까지 받아들이는 것이 나를 위해서도 좋은 일이다. ✝

즐거운 대화에 굳이 이론을 제기하지 말라

무슨 일이든 반대를 하면 어리석고 귀찮은 녀석이라고 인식된다. 영리한 사람은 무슨 일에서나 반대의 근거를 발견해낼 수 있지만, 고집스러운 사람은 어리석은 사람이라는 소리를 듣게 되는 법이다.

즐겁게 담소를 나누다가도 이런 사람들이 끼어들면 험악한 논쟁이 벌어진다. 그렇게 되면 직접적인 교류가 없는 사람들은 그를 멀리하게 되며, 친한 친구나 아는 사람들까지도 적으로 돌아서게 될지 모른다. 사람들이 즐겁게 이야기를 나누고 있을 때 굳이 이론異論을 제기하여 언쟁을 일으키는 것만큼 사람의 감정을 해치는 것도 없다.

반대하기만 하는 사람들은 즐거운 시간을 한순간에 망쳐버린다. 이런 사람은 불쾌하고 미워해야 할, 감당하기 어려운 어리석은 자라고밖에 달리 말할 길이 없다. †

상대방의 말에 신중하게 반론하라

사람을 화나게 하기 위한 가장 좋은 방법은 상대방의 말에 반론을 제기하는 것이다. 분노에 휩싸여 이성을 잃으면 본심을 드러내게 된다. 이렇게 하면 상대방의 본심을 살필 수 있다.

자신의 말에 반론을 제기하는 사람이 있으면 자제심을 잃고 감정적으로 치닫기 쉽다. 불신을 의식적으로 드러내면 상대방은 자신도 모르게 비밀로 하고 있던 것까지 말하게 되는 법이다. 마음을 쉽게 열려고 하지 않는 사람에게는 이러한 방법을 써서 마음의 문을 열게 할 수 있다. 이렇게 해서 상대방의 진의와 생각을 교묘하게 이끌어내는 것이다.

다른 사람이 애매하게 말을 흐리거나 확실하게 말하지 않는 사실에 대해서 날카롭게 반론을 제기하면 궁지에 몰린 상대방은 가슴 깊은 곳에 숨겨두었던 비밀을 조금씩 털어놓기 시작한다. 교묘하게 설치해놓은 덫에 걸려 모든 것을 털어놓기 마련이다.

사려 깊은 사람이 신중하게 입을 다물고 있으면 상대방은 오히려 침착함을 잃고 제 스스로 말을 꺼내버린다. 상대방의 마음을 알 수 없을 때는 이런 식으로 진의를 파악할 수도 있다.

무슨 일이 있어도 알고 싶은 일이 있다면 일부러라도 의심하는 척하라. 그렇게 하면 마음의 문이라도 열 수 있다. 학교에서도 우수한 학생일수록 교사의 말에 반론을 제기하는 법이다. 그러면 교사는 자신이 옳음을 증명하기 위해서 더욱 열심히 설명하려 들 것이다.

상대방의 말에 신중하게 반론해보라. 그러면 상대방은 내 의심을 풀기 위해서 자세하게 설명을 해준다. ✝

속내를 드러내는 것과 호의를 베푸는 것은 별개의 문제이다

상대방에게 속내를 완전히 드러낼 필요는 없다. 상대방 역시 모든 것을 숨김없이 이야기하지는 않는다. 피를 나눈 형제나 친구 사이도 그럴 필요는 없으며 커다란 은혜를 베푼 사람에게도 자신을 완전히 드러낼 필요는 없다. 본심을 드러내는 것과 사람에게 호의를 보이는 것은 완전히 별개의 문제이다.

아무리 친밀한 관계에 있는 사이라 할지라도 늘 예외가 있는 법이다. 친구에게도 비밀로 삼고 있는 일 한두 개 정도는 누구에게나 있다. 아들이라고 해서 아버지에게 모든 것을 털어놓지는 않는다.

어떤 비밀을 밝혀야 할지, 밝히지 말아야 할지는 신중하게, 그리고 현명하게 결정해야 한다. †

지나친 친밀감과 어리석음은 일맥상통한다

다른 사람과 너무 친하게 지내서는 안 된다. 그리고 상대방이 지나치게 친한 행동을 하도록 해서도 안 된다. 별은 사람들 곁에 가까이 다가오지 않기 때문에 언제까지나 그 빛을 잃지 않는 것이다.

뛰어난 사람에게는 그에 어울리는 위엄이 요구되는데 친밀함은 경멸을 부를 뿐이다. 늘 함께 있으면 존경심을 품기 어려워진다. 이야기를 자주 나누다보면 상대방이 신중하게 숨기고 있던 결점이 눈에 보이기 때문이다.

상대방이 윗사람이라면 위험에 처하게 되고, 아랫사람이라면 위엄을 잃게 된다. 특히 어리석고 예의를 모르는 속물들과 결코 친하게 지내서는 안 된다. 내가 은혜를 베풀어도 그것을 알지 못하고 오히려 그렇게 하는 것이 나의 의무라고 생각하기까지 한다. 지나친 친밀함은 어리석음과 통한다. ✝

사랑 받기보다는 경애 받기 위해 노력하라

존경과 사랑은 같은 것이 아니다. 언제나 변함없이 존경 받고 싶다면, 지나치게 사랑받는 것에 대해서는 조금 생각해보아야 한다.

애정은 미움 이상으로 자유를 앗아간다. 너무 경외시 되어서도 안 되지만 너무 사랑받아서도 안 된다. 친애하는 마음은 친밀함을 낳고 존경하는 마음을 없애버린다. 사랑 받는 것이 아니라 경애敬愛 받을 수 있도록 해야 한다. ✝

사소한 것에 연연해하지 말라

다른 사람과 이야기할 때, 하나하나 캐물을 필요는 없다. 특히 그다지 유쾌하지 않은 일에 대해서는 더욱 그렇다. 마음에 걸리는 게 있다면 확인할 필요가 있겠지만 그것도 자연스럽게 해야 한다. 대화가 자연스럽게 진행되지 않으면 심문처럼 들릴 수 있기 때문이다. 당당하고 예의 바르게 행동하고 사소한 일에 연연하지 않아야 한다.

사람을 능숙하게 부리기 위해서는 무관심한 척하라. 어떤 문제가 있다 하더라도 웬만한 일은 그냥 눈을 감아주는 것이 좋다. 상대방이 친구나 아는 사람일 때는 물론, 적대자라 할지라도 그렇게 하라. 무슨 일에나 조그만 사실에 연연하면 다른 사람의 기분을 상하게 하는 법이다. 인간으로서의 그릇의 크기는 대체로 그 사람의 태도에서 나타난다. 도량의 크기와 능력에 따라서 그에 어울리는 행동을 하게 되는 법이다. ⳑ

말뿐인 사람과 행동하는 사람을 구분하라

말뿐인 사람과 실천하는 사람을 구분하려면 정확한 눈이 필요하다. 내 인간성을 제대로 평가해주는 사람과 내 지위를 보고 모여든 사람을 구별하는 것과 같은 이치다.

말만으로 사람의 마음을 끄는 것은 거울에 비친 미끼로 새를 잡으려는 것처럼 어리석다. 바람과 같은 말을 듣고 만족하는 사람은 허영심이 강한 사람들뿐이다. 말이 그 가치를 잃지 않기 위해서는 행동에 의한 뒷받침이 필요하다.

열매를 맺지 못하고 잎만 무성한 나무는 대체로 속이 빈 경우가 많다. 열매를 맺어 이익을 가져다주는 나무와, 그림자밖에 제공하지 못하는 나무를 구분할 줄 알아야 한다. 바람처럼 믿음직스럽지 못한 말을 진심으로 받아들이거나, 번지르르한 겉모습을 액면 그대로 받아들여서는 살아가기 어렵다. ♱

농담처럼 세심한 주의와 테크닉을 필요로 하는 것도 없다

상대방의 농담을 가볍게 흘려버리는 것도 일종의 예의라 할 수 있다. 하지만 반대로 사람을 놀리면 문제에 휩싸이게 된다.

사람들이 모인 자리에서 시종 불쾌한 표정을 짓고 있는 사람은 보기보다 훨씬 더 대하기 어려운 존재다. 세련된 농담은 즐거운 것이며, 유머를 즐긴다는 것은 뛰어난 존재라는 증거이다. 누군가에게 놀림을 받아 화난 모습을 보이면 다른 사람들에게도 놀림을 받게 된다.

농담을 그만두고 화제를 다른 곳으로 바꿔야 할 때가 있다. 농담이 원인이 되어 매우 심각한 문제가 일어나게 되는 경우도 있는 법이다. 농담처럼 세심한 주의와 테크닉을 필요로 하는 것도 없다. 농담을 하기 전에 상대방이 얼마나 농담을 잘 이해하고 있는 사람인지 미리 알고 있어야 한다. ✝

현자는 어떤 말을 듣든지 판단을 유보한다

이 세상은 거짓으로 넘쳐나고 있으니, 타당한 이유가 없다면 쉽게 다른 사람을 믿어서는 안 된다. 앞뒤 가리지 않고 판단을 내리면 뒤에 귀찮은 문제가 발생하며, 그 일에 휘둘려 지치게 된다.

하지만 상대방의 말이 사실인지 아닌지 노골적으로 의심하는 것도 좋지 않은 일이다. 상대방을 거짓말쟁이로 취급하거나 당신이 속고 있다고 말하면 상대방에게 상처를 주게 될 뿐만 아니라 그를 모욕하게 될지도 모르기 때문이다. 뿐만 아니라 더욱 커다란 불이익을 당할 수도 있다.

거짓말쟁이는 이중으로 괴로움을 맛보게 된다. 사람들을 믿지 못할 뿐만 아니라 사람들로부터도 믿음을 얻지 못한다. 현명한 사람은 무슨 말을 듣든 일단 판단을 보류한다. †

다른 사람이 베푼 은혜가 반드시 호의는 아니다

아무에게나 은혜를 입어서는 안 된다. 그러다 보면 다른 사람의 노예가 되어 버린다. 자유는 무엇과도 바꿀 수 없는 소중한 것이다. 자유를 잃어서는 안 된다.

다른 사람이 은혜를 베풀었다고 해서 그것을 호의라고 생각해서는 안 된다. 대부분의 경우, 상대방은 그것을 빈틈 없이 이용하기 위해서 은혜를 베풀기 때문이다. ✝

겉모습에 속지 마라

상대방의 겉모습에 속는다면, 이는 속는 사람에게도 좋지 않은 일이다. 물건을 살 때 상품에 속는 것보다는 가격에 속는 편이 그래도 낫지 않은가? 외견에 현혹되어 잡동사니를 손에 넣고 난 후에 땅을 치고 후회해봐야 소용없는 일이다.

상대방이 어떤 사람인지 알고 싶다면 무엇보다도 먼저 주의 깊게 관찰할 필요가 있다. 물건을 고르는 것과 사람의 본성을 꿰뚫어 보는 것은 전혀 다른 차원의 문제이다. 상대방의 성격을 알고 정체를 꿰뚫어 보는 데는 뛰어난 능력이 필요하다. 책을 읽어 지식을 넓히는 것뿐만 아니라 인간성에 대해서도 연구를 해야 한다. †

상대를 집어삼킬 듯한 담대한 기백을 지녀라

상대방을 지나치게 높이 보고 겁먹을 필요는 없다. 마음에서부터 지고 들어가 이런저런 생각에 사로잡혀서는 안 된다. 교제가 없을 때는 거물이라고 생각했던 인물과 막상 이야기를 나눠보니 그리 대단하지 사람이어서 실망을 하게 되는 경우가 많다. 누구에게나 한계가 있기 마련이다. 생각이나 성격 면에서 '만약 ~이라면'하는 아쉬움을 가지고 있지 않은 사람은 단 한 명도 없다.

지위가 높은 사람에게는 그에 어울리는 위엄이 갖춰지기 마련이지만 겉보기만큼 뛰어난 자질을 갖춘 사람은 그리 흔하지 않다. 높은 지위에 있는 사람에게는 그 벌로 운명의 신이 재능을 주지 않는 경우가 많기 때문이다.

상상은 언제나 홀로 앞서가 실체 이상의 것을 만들어 낸다. 현실에 존재하는 것뿐만 아니라 존재할지도 모르는 것까지 보기 때문이다. 경험과 이성을 바탕으로 사물을 정확하게 꿰뚫어 보고 상상의 눈으로 본 모습을 정정訂正해야 한다.

자신감이 어리석고 단순한 사람에게도 도움이 되며, 현명하고 용기 있는 자에게는 무엇보다도 강력한 힘이 될 것이다. ✝

제2장

·

일에서
성공하기
위한 지혜

남들과 다른 길을 걷기보다 확실한 길을 걸으라

확실한 방법을 선택하면 독창적이라는 말은 듣지 못하겠지만, 견실堅實하다는 평가는 받을 수 있다. 모든 방면에 정통한 사람이라면 위험을 무릅쓰고서라도 자신의 꿈을 좇을 수 있을 것이다. 하지만 아무것도 모르는 상태에서 위험한 일을 하는 것은 스스로 파멸의 길로 접어드는 것과 다를 바 없다.

무슨 일에서나 정도를 걷는 것이 좋다. 수많은 시험과 시련을 거쳐 검증된 길이니 잘못될 리 없을 것이다. 그 방면에 정통하지 않은 자는 큰 길로 가는 것이 좋다. 지식의 정도와는 상관없이, 남들과 다른 행동을 하기보다는 확실한 길을 선택하는 편이 훨씬 더 안전하다. ✝

어떤 일을 하느냐에 따라 추구해야 할 것이 달라진다

어떤 일을 위해서 필요한 것이 무엇인지 잘 살펴보라. 일이 바뀌면 추구해야 할 것도 달라진다. 그것을 알기 위해서는 지식과 통찰력을 가지고 있어야 한다.

어떤 일에는 용기가, 또 다른 일에는 정교함이 필요한 법이다. 가장 간단한 것은 정직하게 일하기만 하면 되는 일이다. 가장 어려운 것은 뛰어난 기술을 요하는 일이다. 전자는 선천적으로 주어진 능력만으로도 충분히 해낼 수 있지만 후자는 모든 면에서 집중력과 주의력이 요구된다.

높은 자리에 서서 부하들을 움직이는 것도 매우 어려운 일이다. 부하들이 전부 머리가 나쁘다면 그 일은 더욱 어려워진다. 머리가 텅 빈 사람들을 뜻대로 움직이려면 평소보다 두 배 이상의 지혜를 짜내야 한다. 무엇보다 견디기 힘든 것은 하루 종일 똑같은 일을 반복해야만 하는 일이다.

이에 비해서 아무리 해도 싫증나지 않는 일이 있다. 가령, 의미 있고 내용에도 변화가 많으며 언제나 새로운 기분을 갖게 하는 일은 최고의 일이다. 그리고 많은 사람들이 일치단결해야만 성취할 수 있는 일이나, 개인의 탁월한 기술이 있어야만 달성할 수 있는 일은 존경의 대상이 된다. †

물러나야 할 때를 아는 사람이 아름답다

인생에 있어서 알아두어야 할 중요한 점 중 하나는, 일에 있어서나 그 밖의 모든 일에 있어서 물러날 때를 알아야 한다는 것이다. 그저 시간을 갉아먹을 뿐 그다지 중요하지 않은 일이 있는데, 그런 일에 바쁘게 쫓기면 아무것도 하지 않는 것보다도 훨씬 좋지 않다.

다른 사람의 일에 간섭하지 않는다는 사실만으로는 분별 있는 사람이라고 말할 수 없다. 다른 사람이 자신의 일에도 간섭하지 못하도록 해야 한다. 자신이 가볍게 여겨질 만큼 다른 사람에게 매달려서는 안 된다.

사려 깊고 분별력 있게 행동하여 절도를 지키면 상대방은 언제나 호의를 갖고 나를 대하며 변함없는 존경심을 갖게 된다. ✝

사람들에게 비판을 받으면 명예로운 일이라고 생각하라

다른 사람의 말에 전혀 반론하지 않는 사람을 높이 평가해서는 안 된다. 그런 사람은 상대방을 소중히 생각하는 게 아니라 그저 자신을 사랑하는 것이다. 다른 사람에게 아부하는 사람에게 속아서는 안 된다. 상대방의 입에 발린 소리는 진심으로 받아들이지 말고 엄격하게 책망해야 한다. 사람들에게 비판을 받으면 명예로운 일이라고 생각하라. 특히 상대방이 뛰어난 사람을 가차 없이 비난하는 부류의 사람이라면 더욱 그렇다.

모든 사람들이 자신을 칭찬한다면 한번쯤 의심을 해봐야 한다. 하고 있는 일이 하찮을 수 있기 때문이다. 훌륭한 일은 극소수의 사람들만이 이해하는 경우가 많다. ✝

고집을 피우지 말고 깊이 생각한 뒤에 일을 하라

자신의 생각에만 사로잡혀서 일을 진행시켜서는 안 된다. 깊이 생각한 뒤에 일을 시작하라. 고집 센 사람만큼 유해한 존재도 없다. 고집을 피우는 것은 정황을 제대로 보지 못하고 있다는 증거이다. 그런 사람이 하는 일이 제대로 풀릴 리가 없다.

세상에는 다른 사람들의 의견은 듣지 않고 무슨 일이든 싸움의 씨앗으로 삼으려는 자가 있다. 안하무인격으로 행동하며 꼬투리를 잡아 상대방을 쓰러트리려 한다.

이런 부류의 사람들이 윗자리에 앉게 되면 어처구니없는 일이 벌어진다. 조직을 완전히 분열시키며, 순종적인 사람들마저도 적으로 만든다. 모든 일을 비밀리에 진행시키려하며 일이 잘 풀리면 자신의 계획이 뛰어났기 때문이라고 자랑한다. 생각에 모순이 있다는 사실을 지적당하면 그 말을 한 사람에게 화를 내며, 비열하기 짝이 없는 방법으로 상대방의 일을 방해하려 든다.

그런 행동을 하면 모든 것이 엉망이 되어버리는데도 그들은 그 사실을 알지 못하거나 알면서도 자신의 체면을 잃지 않기 위해 고집을 피운다.

이런 사람들에게는 혼자서 문제를 해결할 만한 능력이 없다. 자신이 초래한 문제 때문에 쩔쩔매고 있는 그를 보고 다른 사람들은 고소하다는 듯이 웃고 있다. 그들의 지혜라고 해봐야 뻔한 것이다. ✝

어리석은 사람은 결국 자멸하고 만다

자신의 과실에 얽매여 다른 일을 하지 못하는 사람들이 있다. 뭔가 잘못된 부분이 있어도 그것을 끝까지 해내는 것이 자신의 성실함을 보여주는 길이라고 생각한다. 마음 깊은 곳에서는 자신이 틀렸다는 사실을 알고 있으면서도 주위 사람들에게는 자신의 행위에 대해 변명을 한다.

어리석은 짓을 했다 하더라도 처음에는 단순한 부주의라고 넘길 수 있다. 하지만 어리석은 짓을 끝까지 그만두지 않는다면 진짜 어리석은 자로 취급 받을 것이다.

조그만 부주의로 해버린 약속이나 잘못된 결단에 언제까지 얽매여 있어서는 안 된다. 어리석은 생각을 끝내 버리지 못하고 어떻게든 잘 될 것이라는 안일한 생각에 빠져서 억지로 밀고 나가는 사람들이 있다. 이런 사람들은 자신의 어리석음과 함께 자멸의 길을 걷게 된다. ✝

체스의 고수는 상대방보다 한 수를 먼저 읽을 뿐이다

일하는 방식을 끊임없이 바꿔라. 그렇게 하면 주위 사람들, 특히 라이벌은 완전히 당황하며, 호기심을 갖게 되고, 경의를 표하기도 한다. 언제나 본심에 따라서 정직하게 행동하면 상대방이 앞일을 예상하여 선수를 치게 된다. 일직선으로 날아가는 새는 맞추기 쉽지만 이쪽저쪽으로 방향을 바꾸며 나는 새는 쏘아 떨어트리기 어려운 법이다.

그렇다고 해서 매번 본심을 숨긴 채 행동하는 것도 그리 좋은 방법은 아니다. 똑같은 일을 두 번 행하면 속마음이 드러나게 된다. 악의는 빈틈이 보이면 바로 덮치려고 만반의 준비를 한 채 기다리고 있다. 그런 악의의 의표를 찌르기 위해서는 좀 더 교묘한 방법을 써야 한다. 체스의 명인은 상대방의 의도를 한 수 앞서 읽는다. 적이 생각한 대로 말을 움직이는 것은 패배의 지름길이다. ✝

기대의 씨앗을 끊임없이 뿌려라

다른 사람의 가슴에 끊임없이 기대의 씨앗을 뿌려라. 뛰어난 역량을 발휘하면 사람들의 기대감은 높아질 것이며, 뛰어난 일을 하면 사람들은 당신이 더욱 훌륭한 업적을 거둘 것이라는 기대감을 품게 될 것이다.

힘을 적절히 조절하고, 지식을 조금씩 내보이며, 성공을 향해서 조금씩 나아가는 것이 바로 다른 사람에게 기대감을 계속 품게 하는 요령이다. †

결단은 빨리 내릴수록 좋다

좀처럼 결단을 내리지 못해 다른 사람의 도움을 필요로 하는 사람들이 있다. 때로는 몰라서가 아니라 어떻게 해야 할지는 알고 있지만, 실천력이 부족해서 망설이는 경우도 있다. 어려움을 예측하는 것도 재능이지만, 어려움을 회피할 수 있는 길을 찾아내 실천하는 것은 더욱 뛰어난 능력이다.

반면에 그 무엇에도 휘둘리지 않고 생각한 대로 행동하는, 굳은 판단력과 결단력을 겸비한 사람도 있다. 그들은 높은 지위에 오르기 위해 태어났으며 명석한 두뇌로 쉽게 성공을 거둔다. 말하기가 무섭게 행동에 옮기며, 여유롭게 일을 끝마친다. 그들은 자신의 행운을 확신하고 더욱 자신감을 얻어 적극적이고 과감하게 전진해나가는 것이다. ✝

위업을 달성해도 결코 내세우지 마라

그리 대단한 일을 하지도 않으면서 자신의 일을 자랑하듯 공공연하게 떠들고 다니는 자가 있다. 무슨 일이든지 요령이 있다는 둥, 일정한 기간이 필요하다는 둥 잘난 척 떠들어대면서 좀처럼 일에 몰두하려 들지 않는다.

기회만 있으면 공적을 자신의 것으로 만들고 싶어 하며, 미물인 개미처럼 억척스럽게 영예를 쌓아두려 하는 자가 있다. 아무리 뛰어난 재능을 가지고 있다 하더라도 그것을 자랑해서는 안 된다. 일을 훌륭하게 해냈다는 사실에 만족하고, 그 일에 대한 평가는 다른 사람들에게 맡기면 된다.

위업을 달성했다 하더라도 입을 다물고 있어야 한다. 그것을 내세워서는 안 된다. 자신의 업적을 자랑스럽게 떠들어대면 오히려 사람들에게 반감을 살 뿐이다. ✝

시류에 편승하는 것들로부터 자신을 지켜라

바람직하지 못한 평을 듣고 있는 것들에 관심을 가질 필요가 없다. 명성을 얻기는커녕 비웃음을 사게 될지도 모를 황당무계한 이야기에 귀를 기울이면 더더욱 위험하다.

세상에는 일시적인 시류에 의해서 설립된 여러 가지 주의와 주장을 내건 단체와 무리들이 헤아릴 수도 없이 많다. 양식 있는 사람이라면 이런 사람들과는 절대로 관계를 맺지 말아야 할 것이다.

또한 세상에는 이상한 취향을 갖고 있는 사람들이 있는데 그들은 지혜로운 자들이 거들떠보지도 않는 일에만 손을 대려 한다. 기발한 것이라면 무엇이든 좋아하며 그 덕분에 세상에 이름을 알리기는 하지만, 그것은 비웃음거리가 될 뿐 명성을 높이는 것과는 거리가 멀다. ╪

맨 처음 시작하는 사람이 첫 번째가 될 확률이 높다

다른 조건이 비슷한 상황이라면 가장 먼저 행동한 사람이 우위에 서게 된다. 그 일을 먼저 시작한 사람이 없었다면 그 분야에서 일인자로서의 명성을 마음껏 누릴 것이다. 가장 처음 시작한 사람이 명성의 장자長子로서 그 은혜를 홀로 독차지하게 되며, 그 뒤를 잇는 사람들은 나날의 식량을 얻기 위해서 뒤를 쫓아가는 정도 외에는 달리 방법이 없을 것이다. 아무리 열심히 노력해도 그들에게는 모방자라는 이름표가 언제나 따라붙는다.

비범하게 머리가 좋은 사람들은 언제나 새로운 방법을 생각해낸다. 깊은 사고와 분별력으로 매우 안전하게 일을 진행시킨다. 현명한 사람들은 새로움을 무기로 위인들의 이름 사이에 자신의 이름을 새겨 넣을 자리를 마련해왔다. ✝

생각은 진지하게 행동은 신속하게

근면하고 지혜롭게 일에 임하라. 머리로 진지하게 생각한 일은 몸을 아끼지 말고 신속하게 실행에 옮겨라.

어리석은 사람은 무슨 일이든 서둘러 행하며, 장애물이 있어도 이에 개의치 않기 때문에 종종 무모한 행동을 하게 된다. 이에 반해서 똑똑한 사람은 이것저것 망설이다 실패하는 경우가 많다. 어리석은 사람은 무슨 일이 있어도 멈추지 않지만 똑똑한 사람은 무슨 일이 있을 때마다 멈춰 선다. 판단은 정확하지만 능률이 떨어지고 너무 늦기 때문에 실패하는 경우도 있다.

신속함이야말로 행운의 어머니다. 무슨 일이든 내일로 미루지 않는 것이 중요하다. '천천히 서둘러서'라는 말을 모토로 내걸기 바란다. ✝

쉬운 일은 어렵게 어려운 일은 쉽게 하라

쉬운 일을 할 때는 어려운 일을 한다는 생각으로, 어려운 일을 할 때는 쉬운 일을 한다는 생각으로 임하라. 그렇게 하면 지나친 자신감에 빠질 염려도 없으며, 겁을 먹고 의욕을 상실하지도 않는다.

쉬운 일은 이미 끝난 것이나 다름없다고 가볍게 생각하기 쉽지만 그냥 내버려두면 아무리 시간이 흘러도 결코 끝나지 않는다. 불가능할 것이라고 생각되는 일도 착실하게 노력해나가면 언젠가는 끝을 볼 수 있기 마련이다.

일을 하다 커다란 위기에 직면하면 생각보다는 우선 행동을 해야 한다. 어려운 일들만 생각하며 우물쭈물해봐야 상황은 조금도 나아지지 않는다. ╬

행운이 가져다주는 성공은 극히 드물다

자신의 성공을 단판에 걸어서는 안 된다. 나쁜 패가 나오면 돌이킬 수 없는 손실을 입게 된다. 누구나 한 번은 실수를 하기 마련이다. 특히 처음에는 더욱 그렇다. 머리와 몸의 상태가 언제나 좋으리라는 보장도, 생각한 대로 일이 술술 풀리라는 법도 없다.

따라서 두 번째 기회도 준비해놓아야 한다. 그렇게 하면 처음에 실패했다 하더라도 그것을 만회할 수 있다. 처음에 성공했다면 두 번째는 하지 않으면 그만이다.

무슨 일이든 방법을 바꿔서 다시 도전해야 한다. 성공 여부는 주위의 여러 상황에 의해 좌우되며 행운이 가져다주는 성공은 극히 드물기 때문이다. ✝

새내기일 때, 얻을 수 있는 모든 것을 확보하라

새내기일 때는 모든 사람들이 애지중지한다. 새로운 사람이 들어오면 분위기도 바뀌기 때문에 누구나 기뻐한다. 주위 사람들에게도 신선한 기운이 되살아난다. 평범한 사람이라도 새내기일 때는 유능한 상사보다 높은 평가를 얻기도 한다.

하지만 새내기를 애지중지하는 것은 매우 짧은 기간 동안임을 명심해야 한다. 새내기를 따뜻하게 지켜보는 마음이 사라지면 상대방의 시선도 차가워지며 예전에는 웃어넘기던 일에도 화를 내게 된다. 새내기로 대접받고 있을 때 이용할 수 있는 것은 철저하게 이용해야 한다. 인기가 떨어지기 전에 얻을 수 있는 것은 무엇이든 얻어두라. ✝

귀는 진실로 통하는 뒷문이자 허위가 밀려드는 정문이다

사람은 대부분의 시간을 정보를 수집하는 데 쓰고 있다. 자신의 경험은 제한되어 때문에 다른 사람을 믿고 살아가는 것이다.

귀는 진실로 통하는 뒷문이자 허위가 밀려드는 정문이다. 눈으로 보고 얻는 진실보다는 귀로 듣고 얻는 진실이 더 많다. 하지만 진실 자체가 들려오는 경우는 거의 없으며, 그것이 멀리서 전해오는 것일 때는 더욱 그렇다. 사람들의 입을 거치는 동안 여러 가지 감정이 개입된다. 감정은 진실에 색을 칠해 불쾌한 것으로 만들기도 하고 호감이 가는 것으로 만들기도 한다. ╅

선택하는 능력이 인생을 좌우한다

인생은 올바른 선택 능력이 있느냐 없느냐에 따라서 결정된다. 올바른 선택을 하기 위해서는 뛰어난 안목과 정확한 판단력이 필요하다. 지성이 넘쳐나고 노력을 아끼지 않는다 하더라도 그것만으로는 충분하지 않다. 사물을 식별해 올바른 선택을 하지 못한다면 성공에 이르는 길은 멀고도 험난하다.

창의력이 풍부하며 명석한 두뇌와 뛰어난 판단력을 갖추고 있고, 근면하며, 지식도 풍부하지만 막상 선택의 순간에 실패를 하는 사람들이 적지 않다. 언제나 최악의 것만을 선택해버리는 것이다. 그들에게 올바른 선택 능력이 있었다면 상황은 달라졌을 것이다. ☦

현명한 사람과 어리석은 사람의 차이는 일을 처리하는 시기에 있다

어리석은 자가 뒤로 미루는 일을 현명한 사람은 바로 처리한다. 양쪽 모두 크게 차이는 없다. 차이점이라면 언제 하는가, 하는 점이다.

현명한 사람은 때를 놓치지 않으며 어리석은 사람은 언제나 늦게 시작한다. 시기를 놓친 뒤에 서둘러 일을 하면 올바른 판단을 내리지 못하게 된다. 중요한 것을 소홀히 하고 그다지 중요하지도 않은 것을 중요하게 생각하게 된다. 오른쪽으로 가야 하는데 왼쪽으로 가버리며 왼쪽에서 봐야 할 것을 오른쪽에서 보게 된다.

일을 훌륭하게 성공시키는 최선의 방법은 무엇이든 한발 앞서 행하는 것이다. 현명한 사람은 꼭 해야만 하는 일을 재빨리 간파해서 즐겁게 그 일을 하기 때문에 더욱 좋은 평판을 얻는다. ‡

지혜로운 자들을 끌어 모아라

모든 일이 원만하게 진행되기를 바란다면 지혜로운 자들을 자기 주위로 끌어들여야 한다. 나의 무지 때문에 궁지에 몰린다 해도 그들이 도와줄 것이며, 나를 대신해서 괴로운 싸움도 마다하지 않을 것이다.

지혜로운 자들을 자기 뜻대로 활용하는 것은 보기 드문 힘을 가졌다는 증거이다. 그것은 정복했던 국가의 왕들을 기꺼이 노예로 삼았던 티그라네스* 왕의 야만적인 취미보다 훨씬 더 고상한 일이다. 선천적으로 우수한 사람들을 자신의 부하로 만드는 게 그들을 노예로 삼고 힘을 과시하는 것보다 훨씬 더 이롭다. 지혜로운 자들을 부하로 삼을 수 없다면 그들의 친구가 되어 그 지식의 정수精髓를 흡수해야 한다.

* 기원전 1세기 아르메니아의 왕. 파르티아를 정복한 그는 그곳의 왕들을 데리고 대중 앞에 종종 모습을 드러냈다

인생은 짧고, 알아야 할 것들은 어마어마하게 많다. 그리고 무지한 채로는 살아갈 수 없다. 힘들이지 않고 지식을 얻기 위해서는 다른 사람들로부터 많은 것들을 흡수해 그들이 하나가 되어 덤벼와도 눈 하나 꿈쩍하지 않을 수 있을 정도의 지식을 쌓아두어야 한다.

그렇게 하면 회의석상에서 발언할 때도 여러 가지 의견을 자신의 생각으로 이야기할 수 있게 된다. 조언해준 현자들의 모든 지혜가 이야기 속에 담겨 있기 때문에 다른 사람이 흘린 땀으로 현자라는 명예를 얻게 된다. ╬

설령 시간이 걸린다 해도 일을 완벽하게 처리하라

무슨 일이든 빈틈없이 완벽하게 해내야 한다. 설령 시간이 걸린다 하더라도 그것이 가장 빠른 지름길이다. 벼락치기로 해놓은 일은 곧 도로 아미타불이 되어 버린다. 영원히 남을 만한 일을 하기 위해서는 그에 합당한 시간을 투자해야 하는 법이다.

이 세상에는 완성된 것만이 주목을 받으며, 성공을 거둔 자만이 오래도록 명성을 유지한다. 가치 있는 것을 낳기 위해서는 커다란 노력이 필요하다. 이는 마치 귀금속과도 비슷하다. 가치 있는 귀금속일수록 가공하는데 시간이 오래 걸리며 그 나름대로의 무게도 가지고 있는 법이다. ✝

자신의 실수는 친구에게도 밝혀서는 안 된다

자신의 본심은 숨겨야만 한다. 하지만 그것 이상으로 숨겨야 하는 것이 자신의 실수이다. 사람은 누구나 실수를 저지르기 마련이지만, 다음과 같은 차이점이 있다. 즉, 현명한 자는 자신의 실수를 교묘하게 숨기지만 어리석은 자는 자신이 지금부터 저지를지도 모를 실수까지도 다른 사람에게 말해버린다.

명성은 뛰어난 업적을 거두기보다는 실수를 숨김으로 해서 얻어지는 경우가 많다. 위대한 사람의 실수는 모든 사람의 주목을 받는다. 일식이나 월식이 사람들 눈에 띄는 것과 같은 것이다. 자신의 실수는 친구에게도 밝혀서는 안 된다. 가능하다면 자신조차도 인정하지 못하도록 해야 한다. 실수는 잊어버리는 것이 가장 좋다. ✝

자신이 옳다 하더라도 한 번쯤은 양보하라

어리석은 자는 고집이 세고, 고집이 센 자는 어리석다. 자신이 옳다 하더라도 양보를 하는 것이 현명하다. 언젠가는 내가 옳다는 사실을 사람들도 알게 될 것이며 그 속 깊은 행동 때문에 모든 사람들이 칭찬을 할 것이다.

상대방에게 승리를 거두어 얻는 것보다 자신의 말을 고집하여 잃는 것이 훨씬 더 많다. 자신이 옳다고 아무리 주장해봐야 무례한 사람이라는 인상을 줄 뿐이다. 생각이 유연하지 못한 사람은 매우 고집이 세서 어떻게 설득할 길이 없다.

의지意志는 고집스럽게 지켜야 한다. 하지만 자신의 생각을 지나치게 고집해서도 안 된다. 그래도 예외라는 것은 있기 마련이다. 상대방에게 두 번 양보할 필요는 없다. 그럴 때는, 생각은 양보하더라도 실천단계에서는 결코 양보해서는 안 된다. ✝

능력은 노력에 의해서 열매를 맺는다

세상에 나서기 위해서는 노력과 능력이 필요하다. 능력이 있고 노력을 게을리 하지 않는다면 그 사람은 저절로 두각을 나타내게 된다. 평범하지만 노력하는 사람은, 우수하지만 노력하지 않는 사람보다도 뛰어난 업적을 거둘 수 있다. 노력은 좋은 열매를 맺게 해주며 명성까지도 손에 넣을 수 있게 한다. 일을 하는 데는 소질과 솜씨도 필요하지만 그것은 노력에 의해서만 열매를 맺는다. ✝

의도된 행동이 질투의 화살을 빗나가게 한다

조금 부주의한 행동을 하는 것이 자신의 재능을 사람들에게 알리는 가장 좋은 방법이 될 수 있다. 질투심 때문에 남을 배척하는 것은 아주 흔하게 나타나는 일이다. 특히 속물들의 질투심만큼 사람을 난처하게 만드는 것도 없다. 그들은 전혀 흠잡을 데 없는 사람에게 '죄를 저지르지 않는 것이 죄'라며 몰아세우고 '결점이 없는 것이 결점'이라며 비난한다.

질투는 수많은 눈을 가지고 있는 아르고스*가 되어 제아무리 뛰어난 자라 할지라도 그에게서 결점을 찾아내고야 만다. 그렇게 스스로 위로를 얻으면 그것으로 충분히 만족한다. 비난은 번개처럼 지위가 높은 사람들을 노린다.

---

* 그리스 신화에 나오는 괴물로 온 몸에 무수히 많은 눈을 가졌다고 한다. 제우스의 명령을 받은 헤르메스의 계략에 의해 죽고 만다.

따라서 때로는 대시인 호메로스처럼 꾸벅꾸벅 조는 것도 괜찮을 것이다. 일부러 용기와 지성이 결여된 행동을 해서 – 분별없는 행동을 해서는 안 되겠지만 – 부주의한 척해 보이는 것이다. 그렇게 하면 사람들의 적의가 약해질 것이며 그들이 증오심을 폭발시켜 독설을 퍼붓는 일도 없어질 것이다. 그것은 마치 질투라는 황소 앞에서 붉은 케이프를 흔들어 소를 자기 마음대로 움직이게 하는 것과도 같다. 이렇게 하면 질투의 화살에서 벗어나 불후의 명성을 손에 넣을 수 있을 것이다. ⚶

뛰어난 업적을 거둔 뒤에 자리에서 물러나라

뛰어난 업적을 거둔 자의 뒤는 잇지 않는 편이 좋겠다. 자신의 능력이 다른 사람보다 훨씬 더 뛰어나다는 확신이 없다면 누군가의 후임이 되는 것은 재고해 볼 일이다.

전임자와 동등한 일을 하는 데만도 두 배의 능력이 필요하다. 뛰어난 업적을 거둔 뒤에 자리에서 물러나는 것은 사람들의 호감을 사는 교묘한 책략이라 할 수 있으며, 후임자의 존재감은 아무래도 엷어지기 마련이다. 전임자가 만들어 놓은 구멍을 메우려 노력해도 주위 사람들은 좀처럼 인정하려 들지 않는다. 역시 구관이 명관이라는 생각을 하기 때문이다.

전임자에 필적할 만한 능력을 가지고 있는 것만으로는 충분하지가 않다. 먼저 그 자리에 올랐던 사람이 그만큼 더 유리한 것이다. 전임자의 명성을 뛰어넘기 위해서는 특별히 뛰어난 재능이 있어야 한다. ✝

과정보다 결과를 중시하라

목표를 달성하기보다는 올바른 절차를 밟아서 일을 하는 데에 더 많이 신경쓰는 사람들이 있다. 하지만 제아무리 열심히 했다 하더라도 패배자라는 오명을 쓰면 그것으로 끝장이다.

승리자에게는 결코 해명을 요구하지 않는다. 세상 사람들은 그저 일의 성패에만 주목할 뿐, 그 과정에는 눈길 한번 주지 않는다. 목표를 달성하면 평판이 나빠질 염려는 없다. 결과만 좋다면 무엇이든 찬란하게 빛나며 그가 취한 수단에 아무리 불만이 있다 하더라도, 그런 것은 모두 사라져버린다. 좋은 결과를 얻기 위해서 필요하다면 원래의 방법에서 벗어난 수단을 사용하는 것도 하나의 방법이다. ‡

허망한 공상에 사로잡힌 자에게 현실은 견딜 수 없는 고통이다

누구나 자신의 힘을 과신하기 마련이지만 능력이 없는 사람일수록 자신을 더욱 높게 평가한다. 행운이 찾아오기를 바라며 자신은 천재가 아닐까 하는 공상을 하지 않는 사람은 없다.

허망한 공상에 사로잡힌 사람에게 현실은 견딜 수 없는 고통이 된다. 커다란 꿈을 가져라. 하지만 언제나 최악의 경우를 상정하고 일을 시작하라. 그렇게 하면 결과가 어떻든 결과를 냉정히 받아들일 수 있을 것이다.

무슨 일이든 조금 높게 목표를 삼는 것이 좋다. 손이 닿을 것 같지 않을 정도로 높을 곳에 목표를 삼아서는 안 된다. 자신의 힘이 어느 정도인지를 잘 파악하고, 상황을 잘 판단해서 현실감 없는 공상은 허공에 날려 버리자. ✝

친숙한 태도로 사람을 대하라

함께 있으면 기분이 좋아지는 사람이라는 평판을 듣도록 노력하라. 윗자리에 있는 사람일수록 더욱 그렇다. 관리자에게 주어진 이점 중 하나는 누구보다도 사람을 기쁘게 해줄 수 있다는 점이다.

세상에는 일부러 사람들을 기쁘게 하지 않겠다고 다짐했다고밖에는 달리 생각되지 않는 사람들이 있다. 귀찮아서가 아니라 그저 마음이 곱지 못해서 그러는 것이다. 이런 사람들에게 자신의 속내를 털어놓으려 해도 그들은 무뚝뚝한 표정을 지을 뿐이다. 이런 태도는 서로에게 아무런 도움이 되지 않는다. ✝

일단 시작한 일은 끝까지 해내라

이것저것 손만 대고 끝까지 해내지 않는 자들이 있다. 변덕스러운 성격 때문에 무엇을 시작해도 오래 지속하지 못한다. 일을 훌륭하게 진행시켰다 하더라도 그것을 마지막까지 끌고 가지 못한다면 누구에게도 칭찬을 들을 수 없다.

이런 사람들은 일이 채 끝나기도 전에 벌써 끝났다고 생각한다. 일단 시작한 일을 마지막까지 해내지 못하는 것은 변덕스러운 성격 때문이라고도 할 수 있고, 무모하게 불가능한 일에 도전했기 때문이라고도 할 수 있다.

하지만 할 만한 가치가 있는 일이라면, 성공할 만한 가치도 있을 것이다. 성공할 만한 가치가 없는 일이라면 대체 무엇 때문에 손을 댔겠는가? 현명한 사람은 사냥감을 쫓아 확실하게 잡아들인다. 성공할 만한 가치가 있는 일은 어떤 일이 있더라도 끝까지 해내야 한다. ✝

어리석은 사람이 범하는 과오 중 하나는 재능을 자랑하는 것이다

재능을 자랑하지 말라. 그것은 어리석은 자가 범하는 과오이며, 다른 사람에게 불쾌함과 혐오감밖에 주지 않는다. 또한 잘난 척 허세를 부리고 있는 당사자도 마음의 여유를 갖지 못한다. 언제나 겉모습을 꾸며야 한다는 것은 거의 고문과도 같은 일이기 때문이다.

뛰어난 재능을 갖고 있는 사람이라 할지라도 그것을 자랑하면 가치가 떨어져버린다. 사람들 눈에는 그 재능이 선천적으로 타고난 참된 능력이 아니라 굉장한 노력을 통해서 그렇게 보이도록 하고 있는 모조품으로밖에 보이지 않기 때문이다. 무엇이든 일부러 꾸미기보다는 꾸밈없이 보이는 게 좋다. 재능이 있는 척하면 할수록 사람들은 재능이 없다고 생각한다. †

재능 있는 사람은 지위가 올라갈수록 빛을 발한다

자신의 지위에 요구되는 것 이상으로 뛰어난 인간이 되도록 노력하라. 지위에 파묻혀서는 안 된다. 어떤 지위에 오르든 그 자리가 자신의 역량에 부족할 정도로 뛰어난 사람이라는 점을 보여줘야 한다. 재능이 뛰어난 사람은 지위가 올라갈수록 능력을 더욱 향상시켜 그 실력을 사람들에게 확실하게 보여준다.

이에 비해서 지혜롭지 못하고 도량이 부족한 사람은 직함에 쫓겨서, 직책의 중압감에 짓눌려, 세상의 평판까지도 나빠지게 된다. 로마의 황제 아우구스투스는 자신이 훌륭한 인간이라는 점을 군주 이상으로 자랑스럽게 여겼다고 한다. 고결한 정신과 실력에 바탕을 둔 자신감을 가지고 있어야만 이와 같은 경지에 오를 수 있다. †

성공이 조금이라도 의심스러운 일에는 절대 관여
하지 마라

깊이, 깊이 생각해서 안전하다고 생각되지 않으면 어떤 일에도 손을 대지 말라. 무슨 일을 하면서 실패하는 게 아닐까 두려워하면, 옆에서 보는 사람에게 그것이 생생하게 전달되는 법이다. 그 사람이 적이라면 더욱 그렇다.

자신의 분별력에 비춰봐서 어딘가 의심스러운 점이 있다고 생각되는데도 손을 대는 것은 위험한 짓이다. 차라리 아무것도 하지 않는 것이 훨씬 더 낫다.

생각이 있는 사람은 성공이 조금이라도 의심스러운 일에는 절대 관여하지 않는다. 언제나 이성의 빛으로 구석까지 비출 수 있는 곳만을 걷는다. 충분히 생각하고, 틀림없다고 결심한 일조차도 실패하는 경우가 허다하다. 하물며 조금이라도 성공이 의심스럽고 무모하다고 생각되는 일에 무슨 기대를 걸 수 있겠는가? ✝

상사에게 영광을 돌리고 상사를 앞지르지 말라

상사에게 영광을 돌려라. 상사를 앞지르는 것은 어리석은 짓이다. 자신보다 뛰어난 자에게 미운 감정을 품는 것은 인지상정이며 윗자리에 있는 사람일수록 더더욱 그럴 것이다.

사소한 장점은 조금만 주의해도 숨길 수가 있다. 외모가 뛰어난 사람이라도 일부러 꾸미지 않고 옷차림에 신경을 쓰지 않으면 사람들의 눈에 띄지 않는다. 자신보다 운이 좋거나, 인격이 뛰어나거나, 품성이 고결한 사람을 못마땅히 여기는 사람은 거의 없지만, 자신보다 총명한 사람에 대해서는 혐오감을 나타내는 사람이 많다. 특히 윗자리에 있는 사람들이 그렇다.

지성이야말로 인간의 자질 중에서도 가장 높은 위치를 차지하며, 높은 자리에 있는 사람들은 최고의 자질에서 정상에 서고 싶어 한다. 윗사람들은 자신을 도와주는 자에게는 미소 짓지만 자신을 따라잡으려는 자에게는 냉소를 보낸다.

조언을 할 때는, 상대방이 잊고 있던 것을 떠올리게 하는 것처럼 해라. 모르는 것을 가르쳐주겠다는 태도로 해서는 안 된다. 우리는 별에게 그 미묘한 차이점을 배울 수 있는데, 태양의 아들인 별들은 하늘에서 빛나지만 결코 태양보다 더 밝은 빛을 내려 하지는 않는다. ‡

상대방의 공적을 더욱 돋보이게 하라

공적을 세운 사람을 더욱 돋보이게 하는 것이 사람을 잘 부리는 비결이다. 공적에 합당한 보상뿐 아니라 상대방을 돋보이게 해야 한다. 도량이 넓은 사람만이 이렇게 할 수 있다. 공을 세운 사람에게는 그 자리에서 보답하라. 그렇게 하면 상대방은 더욱 고마워할 것이다.

일에 대한 보수도 빨리 주는 편이 낫다. 보수를 미리 지급하면 일에 대한 의무감이 생긴다. 그 의무감이 다음에는 감사하는 마음으로 변한다. 그것은 교묘한 변화이다.

돈을 갚을 때도 빨리 갚으면 빌려준 사람이 고마움을 느끼게 되는 법이다. 단, 이런 방법은 좋은 환경에서 자란 사람에게만 써야 한다. 성품이 비열한 자들에게 보수를 일찍 주면 열심히 일하기는커녕 기뻐하며 게으름을 피울 것이다. ✝

도구와 부하는 신중하게 고를수록 좋다

　　　　도구는 변변치 않지만 기술이 뛰어나다는 평을 들으려 하는 사람들이 있다. 이와 같은 자기 만족감은 위험하기 짝이 없으며, 그 어떤 혹독한 대가를 치른다 해도 할 말이 없을 것이다.

　　　　뛰어난 직원 때문에 사장의 명성에 흠이 간 적은 단한 번도 없었다. 오히려 성공의 명예는 위에 있는 사람에게 전부 주어지는 법이다. 실패했을 때 비난이 윗사람에게 쏟아지는 것과 마찬가지이다. 명성을 얻는 것은 언제나 윗사람이다. '저 사람은 뛰어난 부하를 거느리고 있다' 또는 '부하가 나쁘다.'고 말하는 사람은 없다. '저 사람은 솜씨가 좋다.' 혹은 '솜씨가 나쁘다.'고 평가하는 법이다. 도구와 부하는 숙고해서 신중하게 골라야 한다. ✝

요직에 있는 사람에게는 그 직책을 수행하는 데 필요한 위엄이 요구된다

행운을 자랑하지 말라. 지위가 높다고 해서 그것을 자랑하면 사람들의 반감을 사게 된다. 이왕 자랑을 하려면 지위나 직업이 아니라 인성이 뛰어나다는 것을 자랑하는 편이 그나마 나을 것이다. 거드름을 피워서는 안 되며 – 옆에서 보기에 역겨울 뿐이다 – 선망의 대상이 됐다고 해서 그것을 자랑해서는 안 된다.

사람들의 존경을 얻기 위해 집착할수록 더욱 가볍게 보인다. 무엇보다 존경을 받을 만한 사람인가, 하는 점이 문제가 된다. 존경은 요구한다고 얻어지는 것이 아니며, 그것을 받기에 합당한 인물일 필요가 있다. 존경 받을 만한 사람이라 할지라도, 존경심은 기다림으로 얻을 수밖에 없다.

중요한 위치에 있는 사람에게는 그에 걸맞은 위엄과 위신이 요구된다. 하지만 위엄과 위신은 그 지위에 알맞은 만큼만, 직책을 수행하는 데 필요한 만큼만 갖추고 있으면 충분하다.

열심히 일하는 모습을 사람들에게 보이려 하면, 오히려 그 일에 적합하지 못하다는 인상만 심어주게 된다. 자신의 모든 능력을 발휘하려고 애를 쓰고, 열심히 일하는 척 겉모습을 꾸미려 하지 말라. ✝

과녁을 천 번 맞추기보다 한 번이라도 빗나가지 않도록 하라

과녁을 천 번 맞추기보다는 한 번이라도 빗나가지 않도록 하라. 태양을 똑바로 쳐다보는 자는 없다. 하지만 일식으로 빛이 흐려지면 모든 사람들이 태양으로 눈을 돌린다.

매번 성공을 거두어도 대중은 아무런 관심도 보이지 않는다. 하지만 그 사람이 한 번이라도 실수를 하면 주목을 받게 된다. 뛰어난 업적과 선행보다도 실수와 어리석은 행동이 사람들의 시선을 더욱 끌며 사람들의 입에 오르내린다.

수많은 성공을 거둔 자라 할지라도 단 한 번의 조그만 실수는 세상 사람들의 눈에서 비켜가지 않는다. 악의를 품고 있는 자들은 다른 사람의 장점에는 조금도 신경을 쓰지 않고 결점에만 눈을 돌리는 법이다. ✝

제3장

·

라이벌보다
앞서기
위한 지혜

비열한 승리는 참담한 패배를 의미한다

비록 적일지라도 고결하게 행동하면 세상의 칭찬을 얻을 수 있다. 상대를 쓰러트렸다 하더라도 비열한 방법을 썼다면 그것은 이기는 게 아니라 패배와 다를 바 없다.

기품 있는 사람은 금지된 무기를 손에 쥐지 않는다. 친구와 사이가 벌어져서 적대적인 관계가 되었다고 해서 친했을 때 알게 된 사실을 무기로 상대방을 공격해서는 안 된다. 우정이 증오로 바뀌었다 하더라도 지난날 자신에게 보여줬던 신뢰를 악용하지 말라.

고결한 사람에게는 비열함이 한 치라도 있어서는 안 된다. 귀인은 비열한 방법을 쓰지 않는다. 가령 이 세상에서 기품이나 관대함, 성실과 같은 미덕이 사라져버린다 할지라도 자신의 가슴속에 그것을 간직하며 살아야 한다. ♯

적의를 품고 있는 사람과는 싸우지 마라

라이벌과 경쟁을 벌이면 세간의 평가가 나빠진다. 경쟁 상대는 곧 내 결점을 찾아내 평판을 떨어트리려 할 것이다. 공정하게 싸우는 사람은 거의 찾아볼 수가 없다. 관대한 사람이라면 대수롭지 않게 보는 결점이라도 적은 결코 놓치지 않는다. 매우 높은 평판을 얻고 있던 자가 경쟁 상대로 인해 그 명성을 잃었던 사례는 헤아릴 수도 없이 많다.

특히 격렬한 적의를 품고 있는 자는 세상이 이미 잊은 지 오래된 상처를 헤집으며, 악취가 풀풀 나는 과거를 들춰낸다. 결점을 폭로함으로써 전쟁에 불이 붙고 그것이 더욱 심화되면 그들은 작은 도움이라도 될 만한 것은 모조리 이용하며, 써서는 안 될 비열한 방법까지 쓴다.

그런 일을 해봐야 사람들의 감정만 상하게 할 뿐 아무런 득도 되지 않지만, 복수했다는 더러운 만족감을 얻을 수만 있다면 그것으로 만족한다.

상대방에게 복수심을 품게 하면, 모든 사람들이 잊고 있던 지난날의 상처까지 파헤쳐진다. 사람들에게 호감을 심어 주면 다툼은 일어나지도 않으며 명성에 흠집이 가는 일도 없을 것이다. ✝

잘못된 행동을 계속하기보다는 입장을 바꾸는 게 낫다

상대방이 나보다 한발 앞서 우세한 자리를 차지했다고 해서 열세에 놓여 있는 무리와 함께 행동해서는 안 된다. 승산 없는 싸움에 휘말려 수치감을 맛보게 된다. 상대방이 유리한 입장을 차지한 것은 그만큼 빈틈이 없었기 때문이다. 열세에 놓여 있는 편에 서서 상대방에게 대항한다면 어리석은 자라는 오명을 벗을 수 없을 것이다.

고집스러운 말을 하는 것은 위험한 일이지만 그보다 더 위험한 것은 고집스러운 행동을 계속해서 하는 것이다. 말보다 행동이 더 쉽게 불행을 불러오기 때문이다. 고집이 센 사람들은 대부분 무지하기 때문에 정론에 대해서도 거침없이 반박을 하며 자신의 이익은 돌보지도 않고 싸움에 임한다.

　사려 깊은 자는 결코 감정에 휘둘리지 않고 언제나 이치에 합당한 편에 선다. 그들은 사태가 그렇게 될 것을 미리 예측하거나 혹은 도중에 깨닫고 자신의 입장을 바꾼다. 상대방이 어리석을 경우에는 이쪽에서 아무것도 하지 않았는데도 그들 스스로 방침을 바꿔버리는 경우도 있다. 그렇게 되면 전세가 역전되어 상대방이 열세에 놓이게 된다.

　바로 그때 상대방을 주류의 자리에서 끌어내리고 자신이 우세한 위치를 점할 수 있다. 어리석은 상대방은 열세에 놓인 편에 서서 대항하고 계속 고집을 부리며 결국 치욕을 당하게 될 것이다. ♱

누군가 나를 험담한다면, 오히려 그 사람을 칭찬하라

질투심을 노골적으로 드러내는 사람을 차갑게 대하면 그리 좋을 것은 없다. 그에게 구애받지 말고 관대하게 행동하는 편이 더 많은 것을 얻을 수 있다. 누군가 내 험담을 한다면, 오히려 그 사람을 칭찬하도록 하라. 그렇게 하면 사람들 사이에서 칭찬이 일 것이다. 복수를 하고 싶다면 맡은 일에 모든 능력을 발휘해서 뛰어난 업적을 남겨 질투하는 자를 누르고 고통을 주는 것이 현명한 방법이다.

다른 사람의 불행을 바라는 자는 상대방이 성공을 거둘 때마다 이를 갈며 괴로워한다. 그 사람의 영광이 라이벌에게는 지옥과도 같다. 자신이 성공을 거둬 그것으로 상대방에게 독이 되게 하는 것이 가장 교묘한 벌이 된다. 질투심이 강한 사람에게는 죽음이 몇 번이고 찾아온다. 라이벌이 사람들의 갈채를 받을 때마다 죽음을 맞이하는 것이다.

상대방이 불후의 명성을 얻게 되면 질투심을 품고 있는 자는 영원한 형벌에 괴로워하게 된다. 상대방은 영광에 휩싸여 불멸의 생명을 획득하고 자신은 영원한 형벌을 받게 되는 것이다. 사람의 명성이 세상에 널리 울려 퍼지게 되면 그를 질투하는 사람은 고뇌의 교수대로 이어지는 계단을 오르기 시작하는 것이다. ♰

악의에 가득 찬 시선을 거울삼아 약점과 결점을 바로잡아라

칼을 잡을 때 날 부분을 잡으면 상처를 입게 되고. 손잡이를 잡으면 몸을 지키는 무기가 된다. 현명한 사람이 적에게 입는 은혜는 어리석은 사람이 친구에게 얻는 이익보다도 훨씬 더 크다. 호의를 품고 있는 사람이 두려움을 느끼고 도망쳤던 어려운 일이, 적의를 가지고 있는 자에 의해 해결되는 것도 종종 볼 수 있는 일이다. 적이 있었기 때문에 위대한 인물이 될 수 있었던 예도 얼마든지 찾아볼 수 있다.

아부는 증오보다 더 위험하다. 아부에 의해 숨겨져 있던 결점을 증오심이 파헤쳐 바로잡아준다. 호의를 담고 있는 시선보다 악의를 담고 있는 시선에서 참된 모습을 발견할 수 있다. 사려 깊은 자는 그것을 거울 삼아 약점을 없애고 결점을 바로잡는다. 악의를 품고 있는 자를 마주치면 사람은 무슨 일에나 주의를 기울이게 된다. †

장차 적이 될 것 같은 사람을 내 편으로 포섭하라

사람들이 나를 중상하기 전에 적의를 호의로 바꿔라. 모욕을 당한 뒤에 복수하기보다는 모욕 당하지 않도록 하는 게 더욱 현명하다. 장차 적이 될 것 같은 자를 내 편으로 만드는 것은 뛰어난 인간이 아니고는 할 수 없는 일이다. 그냥 내버려두면 명성에 위협이 될 만한 자를, 명성을 지켜주는 자로 만드는 것이다.

그러기 위해서는 다른 사람에게 은혜를 느끼게 하고 모멸을 감사로 바꾸게 하는 기술을 터득해야만 한다. 슬픔을 기쁨으로 바꿀 줄 알아야 보다 나은 인생을 보낼 수 있다. 적의를 품고 있는 사람이 진정한 친구가 될 수 있도록 신경을 써야 한다. †

적의 의표를 찔러라

어리석은 사람은 현명한 사람의 행동을 취하지 못한다. 그렇게 하면 자신에게 득이 된다는 사실을 알지 못하기 때문이다. 현명한 사람은 보통 사람들이 생각하는 것처럼 행동하지 않는다. 적이 자신의 의도를 파악하고 어떤 대책을 마련한 것이 아닐까 생각하고 본심을 숨기려 하기 때문이다.

모든 일은 그 양면, 겉과 속을 잘 살펴보아야 한다. 일부분만이 아니라 전체를 살펴봐야 한다. 상대방이 당연히 취할 행동보다는 할 가능성이 있는 일에 대해 생각하라. †

제4장

살아남기
위한 책략을
세우는 지혜

뱀의 지혜와 비둘기의 순진함을 함께 갖추라

위험을 예지하는 능력이 뛰어난 사람에는 두 가지 부류가 있다. 직접 겪은 여러 가지 체험을 통해서 배운 자와 다른 사람의 경험을 듣고 배운 자이다. 궁지에서 빠져나오는 지혜를 갖추어야 함은 물론 위험을 예지할 수 있는 용의주도함도 갖추고 있어야 한다. 너무 선량한 것도 좋지 않다. 사람이 너무 좋으면 다른 사람의 사심邪心을 불러 일으켜 상대방을 악인으로 만들어버리는 경우도 있다.

뱀의 지혜와 비둘기의 순진함을 함께 갖춰라. 악의에 넘친 괴물이 되어서는 안 된다. 청탁淸濁을 불문하고 물을 마실 수 있는 사람이 되어야 한다. ✝

자신의 고통이 다른 사람들에게 즐거움이 된다

부상당한 손가락은 감춰라. 그러지 않으면 아픈 손가락이 여기저기 부딪치게 된다. 손가락을 다쳤다고 해서 사람들에게 한탄해서는 안 된다.

악의를 품고 있는 사람들은 나의 상처나 약점을 노리고 덤벼든다. 조금이라도 방심한 모습을 보였다가 적의 공격을 받게 되면 그저 세상의 비웃음거리가 될 뿐이다. 사악한 사람들은 어떻게 해서든지 상대방을 화나게 하려고 눈을 번뜩이며 상대방을 감시한다. 상대방이 어디가 아픈지를 은밀하게 알아내려고 하며, 온갖 수단을 동원하여 상처를 찾아내려고 한다.

적이 넌지시 떠보아도 거기에는 일절 응하지 않고 스스로 초래한 것이든 선천적인 것이든 다른 사람에게 자신의 약점을 잡히지 않도록 해야 한다. 때로는 운명의 여신조차도 나의 상처를 찌르곤 한다. 여신은 속살이 드러난 상처를 향해서 곧바로 달려든다.

  자신이 고통스러워하는 일이나 기뻐하는 일을 남에게 밝히지 않도록 세심한 주의를 기울이기 바란다. 그렇게 하지 않으면 고통의 씨앗은 언제까지고 남아 있게 되며 기쁨의 원천은 곧 말라버리고 말 것이다. ╬

모든 일을 다 성공할 수는 없다 - 오명은 다른 사람에게 씌우라

사람들의 적의로부터 몸을 지키기 위해서 오명은 다른 사람에게 씌워라. 이것은 윗자리에 있는 사람이 취해야 할 현명한 책략이다. 실패의 책임을 다른 사람에게 지게 하고 그 사람이 험담의 표적이 되게 하는 것은 능력 없는 자가 할 수 있는 일이 아니다. 그것은 뛰어난 수완을 지닌 자만이 할 수 있다.

모든 일에 다 성공할 수는 없으며 모든 사람들을 만족시킬 수도 없는 법이다. 그렇다면 희생양이 될 만한 사람을 찾는 게 나을 것이다. 사람들의 비난을 받을 만한 야심을 품고 있는 사람이라면 그 역할에 꼭 알맞을 것이다. ✝

위험한 일일수록 공유하라

해서는 안 될 말을 해서 얻게 되는 불이익, 침묵을 지켜 얻게 되는 이익 모두를 공평하게 나눠가질 수 있도록 해야 한다. 서로의 명예가 걸려 있으면 공동의 이익을 위해서 손을 잡게 될 것이며, 상대방의 명예가 실추되면 자신의 명예도 상처를 입게 되니 필사적으로 상대방에 대한 명예를 지키려 할 것이다.

비밀은 다른 사람에게 밝히지 않는 편이 좋지만 어쩔 수 없을 경우에는 교묘한 수단을 사용해서 상대방이 다른 사람에게 그것을 말하지 못하도록 해야 한다.

위험을 공유하라. 그러면 서로가 공동의 이익을 지키기 위한 행동을 하게 되며 상대방이 나를 배신하고 반대편에 서는 일도 없을 것이다. ‡

상대방이 외면하기 전에 내가 먼저 외면하라

아무런 손도 쓰지 않은 채 저물어가는 모습을 내보여서는 안 된다. 마지막 순간까지 승리 속에서 막을 내려야 한다.

때로는 태양조차 구름 뒤로 몸을 숨겨 자신이 지는 모습을 사람들에게 보이지 않으려 한다. 그렇게 하면 사람들은 태양이 언제 졌는지를 알지 못할 것이다. 슬픈 최후를 피하기 위해서라도 지는 모습을 사람들에게 보여서는 안 된다.

사람들이 모두 등을 돌리기를 기다려서는 안 된다. 그러면 생매장당하게 되며 명성도 종말을 고하고 말 것이다. 훌륭한 조련사는 경주마를 언제 은퇴시켜야 할지 잘 알고 있다. 경주 중에 말이 쓰러지면 그저 비웃음거리가 될 뿐이다. ✝

불운을 혼자 짊어지는 것만큼 견디기 힘든 일도 없다

동료가 있으면 궁지에 몰린다 할지라도 고립무원의 상태에 빠지지 않으며, 사람들의 미움도 자기 혼자 받지 않아도 된다.

모든 책임을 자기 혼자서 지려는 자가 있는데 그런 사람은 세상의 비판을 한 몸에 받는다. 따라서 과실을 관대하게 눈감아 주고 함께 역경을 뛰어넘게 해 줄 사람을 동료로 만들어야 한다.

운명의 여신이나 무책임하게 비평을 해대는 자들은 두 사람을 한꺼번에 공격할 만큼 부지런하지 못하다. 과실의 무거운 짐과 한탄을 함께 나눌 동료를 찾으라. 불운을 홀로 짊어지는 것만큼 견디기 힘든 일도 없다. ✝

본심을 감추고 있는 자를 주의하라

용의주도한 자들은 상대방의 주의를 다른 곳에 돌린 뒤, 그 빈틈을 이용해서 공격한다. 불의의 일격을 받고 당황하는 모습을 보이면 완전히 당하게 된다. 이런 무리들은 바라는 것을 얻기 위해 본심을 감추며, 가장 윗자리에 서려는 흑심을 숨기고 두 번째 자리에 만족한다.

비밀스러운 음모를 품고 있는 자가 있는 한 경계를 늦춰서는 안 된다. 상대방의 의도를 알 수 없을 때는 더욱 주의를 기울여야 한다. 그들이 처음 말하는 것은 본심이 아니며 목적은 다른 데에 있다. 그렇게 사람들의 눈을 속이기에 열을 올리다 자신의 꾀에 넘어가 파멸을 맞이하는 경우도 있다.

상대방이 양보를 할 때도 주의할 필요가 있다. 상대방의 계획을 완전히 꿰뚫고 있는 것처럼 행동하는 것도 적의 움직임을 봉쇄하는 유효한 수단 중 하나이다. ✝

불행한 사람을 지나치게 동정하면 같은 불행에 빠질 수 있다

어떤 사람은 불운이라고 생각하는 일을 다른 사람은 행운이라고 생각하는 경우도 있다. 행복과 불행은 생각하기 나름이라고 하니 값싼 동정은 하지 않는 편이 낫겠다.

그렇다고 해서 다른 많은 사람들이 불운에 몸부림치고 있을 때, 자기 혼자만 행복한 표정을 짓고 있을 수만도 없는 노릇이다. 기세등등할 때는 모든 사람들의 미움을 사던 사람이 갑자기 모든 사람들에게 동정을 받게 된다. 그 사람의 몰락한 모습이 미움을 동정으로 바꿔놓은 것이다.

어찌된 일인지 불운한 사람들하고만 사귀는 사람이 있다. 상대방에게 행운이 찾아왔을 때는 가까이 다가가려 하지도 않다가 그 사람에게 불행이 찾아오면 그에게 끌려버리고 만다. 이를 그 사람의 고귀한 마음의 표출이라고 보는 사람도 있겠지만, 실은 어리석음 이외에 그 무엇도 아니다. ✝

윗사람의 비밀을 듣는 것은 특권이 아니라 부담이다

윗사람의 비밀을 알아서는 안 된다. 함께 사과를 먹게 될 것이라고 기대했다가 결국에는 껍질만 먹게 될지도 모를 일이다.

심복이 됐다가 파멸의 길을 걷게 된 사람들은 헤아릴 수 없이 많다. 애초부터 그리 중히 여겨지지 않았다면 후에 필요 없어졌을 때는 완전히 버림받게 될 것이다. 윗사람의 비밀을 듣는 것은 특권이 아니라 부담이다.

자신의 추한 모습을 비추는 거울을 거추장스럽게 생각하는 자들이 많다. 참된 자신을 알고 있는 자가 눈앞에 있다는 사실을 견딜 수 없기 때문이다. 약점을 쥐고 있는 상대를 좋게 생각할 사람은 없을 것이다. 다른 사람에게 심적 부담감을 주어서는 안 된다. 상대방이 권력이 있는 사람일수록 더욱 그렇다.

공적을 쌓아 다른 사람이 중히 여기도록 만들라. 약점을 이용해서 자신을 주목하게 해서는 안 된다. 때로는 친구 사이에서도 상대방의 비밀을 알게 되어 커다란 재앙을 초래하는 경우도 있는 법이다.

자신의 비밀을 다른 사람에게 말하면 상대방의 노예가 되어 버린다. 윗사람이나 지위가 높은 사람이 그런 굴욕을 참아낼 리 없다. 잃어버린 자유를 찾기 위해 갖은 방법을 동원해서 상대방을 제거하려 들 것이며, 도리에 어긋나는 행동을 해서라도 그를 해치울 것이다. 결코 다른 사람의 비밀을 들어서도 안 되며, 자신의 비밀을 밝혀서도 안 된다. ✝

상대방의 성격을 파악한 뒤에, 약점을 공격하라

사람을 마음대로 조종하려면 그 사람의 약점을 찾는 것이 가장 좋다. 그저 생각을 바꾸라고 재촉하는 것만으로 다른 사람의 의지를 바꿀 수 없다. 사람의 마음속으로 들어가는 법을 알아야만 한다.

어떤 특별한 즐거움이 있기 때문에 어떤 일을 하겠다고 마음먹는 것이다. 그것은 사람의 취향에 따라서 제각각 다르다. 누구나 마음속으로 숭배하고 있는 '우상'을 가지고 있을 것이다. 좋은 사람이라는 평을 바라는 사람이 있는가 하면 자신의 이익이 가장 중요하다고 생각하는 사람도 있는 법이다. 그런데 대부분의 사람들이 숭배하는 것은 '쾌락'이다.

사람들의 우상을 파악하는 것, 그것이 바로 마음을 움직이게 하는 비결이다. 그것만 알아낸다면 욕망의 문을 열 수 있는 열쇠를 손에 쥔 거나 다름없다. 사람을 움직이게 만드는 '가장 커다란 동기'를 찾아내는 것이다.

그것이 반드시 고상하거나 중요한 것은 아니다. 아니, 오히려 저속한 경우가 더 많다. 이 세상에는 올바른 행동을 하는 사람보다도 어리석고 저열한 사람들이 더 많기 때문이다.

상대방의 성격을 파악한 뒤, 약점을 공격하라. 그 사람이 애타게 추구하고 있는 쾌락으로 유혹하면 상대방을 마음대로 조종할 수 있다. †

미주美酒는 한 모금만 마시게 하라

미주는 한 모금만 마시게 하는 것이 좋다. 욕구가 강해질수록 고마워하는 마음도 강해진다. 욕구는 갈증과 마찬가지로 조금만 채워줘야지 가득 채워줘서는 안 된다.

좋은 것은 적으면 적을수록 더욱 큰 가치를 지닌다. 그 맛을 마음껏 본 자는, 두 번째부터는 그다지 기뻐하지 않는다. 원하는 만큼 기쁨을 주는 것은 위험한 일이다. 더할 나위 없이 훌륭한 것일지라도 눈길조차 주지 않게 된다.

사람을 기쁘게 해줄 때 지켜야 할 원칙이 한 가지 있다. 상대방의 욕구를 자극해서 언제나 굶주린 채로 두어야 한다는 것이다. 즐거움에 싫증 난 자보다는 그것을 바라며 안절부절못하는 자에게서 더 많은 것을 얻을 수 있다. 그리고 기다리게 하면 할수록 기쁨도 더욱 커진다. ✝

어리석은 무리들과 관계를 맺지 않으려면 분별력을 갖춰야 한다

세상에는 어리석은 사람들이 헤아릴 수 없이 많은데 그런 무리들과 관계를 맺지 않게 하는 게 바로 분별력이다.

사려분별思慮分別이라는 거울에 비춰봐서 나날의 결의를 새로이 하고 어리석은 자들의 공격을 피하도록 하라. 언제나 앞날에 대한 계획을 세우고, 하찮은 사건에 휩싸여 명성을 잃을 위험에 처하지 않도록 해야 한다. 사려분별로 무장하면 어리석은 자들의 공격으로부터 몸을 지킬 수 있다.

인간관계라는 바다에는 바닥에서 튀어나온 날카로운 암초들이 헤아릴 수 없이 많기 때문에 명성이 언제 좌초될지 모른다. 이 바다를 안전하게 건너기 위해서는 끊임없이 진로를 바꿔야 한다. 그렇게 해서 능숙하게 위험을 회피하는 것이다. 특히 다른 사람을 대할 때는 관대하고 예의 바르게 대해야 한다. 그것이 궁지에서 벗어나는 지름길이다. †

자신의 빛을 잃게 하는 사람에게 다가가지 마라

나를 흐릿하게 보이게 하는 사람들과는 사귀지 말라. 상대방이 나보다 뛰어나면 내 빛이 희미해지며, 변변찮은 사람들과 사귀면 나 역시도 변변찮은 사람으로 여겨진다. 하지만 주역을 맡은 사람이 가까이에 있으면 나는 두 번째에 만족해야 하며 아무리 존경받는다 하더라도 그것이 아무런 도움도 되지 않는다.

밤하늘의 달이 주위의 별들과 밝음을 다툰다. 하지만 일단 태양이 얼굴을 내밀면 달은 확실히 보이는 것도 아니고, 완전히 사라져버린 것도 아닌 어정쩡한 모습을 내보인다.

자신의 빛을 잃게 하는 사람 곁에 다가가서는 안 된다. 나를 돋보이게 하는 사람들하고만 사귀어야 한다. 마르티 알리스의 시에 등장하는 파불라는 현명하게도 재주 없고 촌스

러운 아가씨들만을 자신의 몸종으로 삼았다. 그렇게 함으로
해서 자신의 아름다움을 한층 더 부각시킬 수 있었던 것이다.

골칫거리가 될 만한 사람을 곁으로 불러들일 필요도
없으며, 자신의 명성을 해치면서까지 다른 사람을 돋보이게
할 필요도 없다. 20, 30대 사람들은 뛰어난 사람들과 사귀는
것이 좋다. 세상의 인정을 받게 된 뒤부터는 평범한 사람들과
교제하는 것이 좋다. †

고결한 삶을 위해 다른 사람들의 악행에 주의하라

선행은 이 세상에서 모습을 감췄으며, 은혜를 입어도 그에 보답하려는 자가 없고, 예의를 아는 사람들도 거의 사라지고 말았다. 지금은 기품 있는 사람이 가장 손해를 보는 시대이며, 그런 풍조가 온 세상에 만연해 있다. 다른 사람을 짓밟으려 혈안이 된 사람들이 이 세상에는 너무 많다.

어떤 자에게서는 반역을 조심해야 하고, 또 다른 자에게서는 배신을, 또 다른 자에게서는 기만을 조심해야 하는 세상이다. 사람들의 악랄한 행동에 주의하라. 그것을 흉내 내기 위해서가 아니라 내 몸을 지키기 위해서다.

고결한 사람이 자기 원래의 모습을 잃는 경우는 없다. 그에게는 세상 사람들의 악랄한 행동이 훈계가 되기 때문이다. ✝

상대방의 성격을 파악하고 본심을 꿰뚫어라

부정적인 사람은 앞으로 닥쳐올 불행만을 생각하며, 무슨 일에나 반대하는 사람은 방해가 될 만한 일들만 예측한다. 그들의 머릿속에는 최악의 사태만 떠오르기 때문에 좋은 면이 있어도 그것을 보지 못하고, 비관적인 예측만을 내세운다. 감정에 휩쓸리기 쉬운 사람은 현상을 있는 그대로 전달하지 못한다. 말에 희로애락의 감정이 그대로 드러나 이성적으로 이야기하지 못한다.

상대방의 얼굴을 보고 그 사람의 성격을 파악하여 내면을 해독하기에 힘써라. 언제나 웃기만 하는 사람은 어리석은 사람이며, 결코 웃지 않는 사람은 믿지 못할 사람이다. 끊임없이 무엇인가를 묻는 사람도 조심하라. 그런 사람들은 내가 답하고 싶지 않은 것까지 묻는데, 그것은 결점을 찾아내기 위해서, 혹은 내 행동을 의심하고 있기 때문이다. †

원하는 것이 있을 때는 다른 사람에게 양보하는 척하라

처음에 양보하는 척하는 것이 중요한데 그렇게 하면 상대방도 내 얘기에 동의를 한다. 상대방의 이익을 최우선으로 생각하고 있는 것처럼 보인 뒤에 자신의 이익을 취할 수 있는 길을 강구하는 것이다.

무슨 일이든지 처음부터 '노'라고 대답하는 사람에게는 신중하게 얘기를 꺼내야만 한다. 본심은 숨기는 것이 현명하다. 그렇게 하면 상대방은 '예스'라고 말해도 귀찮은 일은 일어나지 않을 거라고 생각할 것이다.

특히 자신의 이야기에 상대방이 난색을 표할 것이라고 생각될 때는 결코 본심을 드러내서는 안 된다. 반대로 상대방의 부탁 뒤에 다른 의도가 숨겨져 있을 것 같을 때는 철저하게 상대방의 진의를 파악해야만 한다. ⸶

궁핍함이 모든 것을 결정한다

궁지에 몰린 사람을 이용하라. 무엇인가 부족하면 욕망이 절로 생겨나는 법이다. 바로 그때가 다른 사람을 마음대로 조종할 수 있는 절호의 기회이다. 철학가들은 물건 같은 것은 없어도 된다고 말하고, 정치가들은 궁핍함이 모든 것을 결정한다고 말한다. 틀림없이 정치가들 쪽이 옳을 것이다.

다른 사람의 욕망을 발판 삼아 자신의 목적을 달성하는 사람이 있다. 궁지에 몰린 사람을 이용해, 군침이 흐를 정도로 갖고 싶어 하는 것을 슬쩍슬쩍 내보이며 그 욕망을 더욱 부채질하는 것이다. 원하는 것이 좀처럼 잡히지 않으면 사람의 욕망은 더욱 커지기 마련이다.

자신의 목적을 달성하려면 원하는 것을 바로 내주지 말고, 언제까지나 자신에게 의지하도록 하는 것이 가장 교묘한 책략이라고 할 수 있다. ✝

보상할 때는 자기 손으로, 벌할 때는 다른 사람에게 맡겨라

사람을 괴롭히면 동정심이 일거나 양심의 가책을 느끼게 되어 자신도 괴로움을 겪게 된다. 다른 사람의 공적에 보답할 때는 자신의 손으로 보상하고, 다른 사람을 벌할 때는 다른 사람의 손으로 하도록 해야 한다.

불만을 품고 있는 자에게는 그에 따른 화풀이를 하고 험담을 할 상대를 마련해줘라. 분노에 미쳐버린 사람은 광견병에 걸린 개와 같다. 자신에게 상처를 준 사람이 누구인지 모른 채 눈앞에 있는 상대를 향해서 달려든다. 그 자리에 있던 사람은 아무런 잘못이 없음에도 불구하고 미친 개에게 물리게 되는 법이다. ✝

이해할 수 없는 말이 때로는 존경심을 갖게 한다

사람들에게 존경받고 싶다면 상대방보다 훨씬 더 현명하고 분별 있는 사람처럼 보이면 된다. 하지만 거기에도 절도節度라는 것이 필요하다. 지식인은 진짜로 총명한 자를 중히 여기지만, 일반 대중은 고상하게 보이기만 하면 그것만으로도 존경하는 법이다. 상대방이 아무리 생각해도 이해할 수 없는 이야기를 하라. 이해하기 쉬운 이야기를 하면 상대방에게 비판의 실마리를 제공하게 된다.

그 이유를 물으면 제대로 대답하지도 못하면서 다른 사람을 칭찬하는 사람들이 매우 많다. 확실히 이해할 수 없는 말을 하기 때문에 존경하는 것이며, 다른 사람들이 칭찬하는 것을 들었기 때문에 자신도 칭찬을 하는 것이다. ✝

신중함은 행운과 만족감을 낳는다

고통의 근원이 될 만한 일은 떠맡지 말라. 고뇌의 씨 앗이 될 만한 것은 피하는 게 상책이다. 신중하게 행동하면 번 잡한 일에 휘말리지 않는다. 신중함이야말로 행운과 만족감을 낳는 여신 루키나(출산을 관장하는 로마신화의 여신)이다. 듣기만 해도 기분이 상하는 나쁜 소식은 도움을 줄 만한 사람이 없는 한, 다른 사람들의 귀에 들어가게 해서는 안 된다. 또한 그런 이야기가 자신에게 들려오지 않도록 해야 한다.

세상에는 그럴싸한 사탕발림을 즐겨 듣는 사람이나, 씁쓸한 험담에 귀를 기울이는 사람들이 있다. 그런가 하면 독 을 먹지 않고는 단 하루도 견디지 못했던 미트리다테스 왕(소아 시아의 고대 국가인 폰투스의 왕. 적에게 독살 당할 것을 두려워하여 매일 독을 마셔 면역력을 키웠다고 한다.)처럼 불쾌함이라는 이름의 약을 매일 먹지 않으면 살아가지 못하는 사람도 있다.

자신의 안전을 지키기 위해서는, 비록 상대방이 친절한 사람이라 할지라도 그 사람의 만족을 위해서 평생 계속될 고뇌의 씨앗을 자신이 떠맡아서는 안 된다. 어떤 문제가 닥쳤을 때, 그저 조언만 해줄 뿐 자신은 아무런 위험에도 노출되지 않는 사람을 위해서 내 자신의 행복까지 희생할 필요는 없다. 상대방을 만족시키기 위해서 자신이 재난을 떠안아야 하는 상황이 온다면 다음과 같은 교훈을 되새기기 바란다.

　　'나중에 자신이 아무런 희망도 없이 비탄에 잠기기보다는 지금 다른 사람을 슬픔에 빠지게 하는 편이 낫다.'†

무지한 것과 무지한 척하는 것은 많은 차이가 있다

아무것도 모르는 척하는 것이 최고의 지혜가 되기도 한다. 무지한 편이 더 낫다는 것은 아니다. 무지한 척하는 게 중요하다는 말이다.

어리석은 사람에게 지혜는 아무짝에도 쓸모없는 것이며 괴팍한 사람은 정상인의 이야기에 귀를 기울이려 하지 않는 법이다. 따라서 어떤 경우에나 상대방에 맞춰서 이야기를 하는 편이 좋다. 어리석은 자에게는 어리석은 자들의 언어로 이야기하라.

어리석은 척할 수 있는 사람은 어리석은 자가 아니며, 참으로 어리석은 자에게는 그런 지혜가 없다. 사람들에게 칭찬을 듣고 싶으면 어리석은 당나귀의 탈을 쓰는 게 좋다. ✝

더 이상 잃을 것이 없는 사람과 싸우지 마라

잃을 것이 없는 자와 싸우는 것만큼 불공평한 싸움도 없다. 상대방은 모든 것을 잃고 수치심마저도 잃었기 때문에 거침없이 전장으로 향한다. 모든 것을 버리고 더 이상 잃을 것이 없기 때문에 사람들의 이목에 신경 쓰지 않고 거친 행동을 하며 앞뒤 가리지 않고 돌진해 들어온다.

그런 사람을 상대로 자신의 명성에 흠집을 내서는 안 된다. 오랜 세월에 걸쳐 부지런히 쌓아올린 명성이 어리석기 짝이 없는 행동 때문에 단박에 무너져내리기 때문이다.

도리를 아는 사람은 그런 짓이 얼마나 위험한지 잘 알고 있다. 어떤 행동이 자신의 명성에 흠집을 내는지 잘 알고 있기에 분별 있는 행동을 하며, 일을 성급하게 진행시키지 않기 때문에 여유를 가지고 물러설 수 있다. ✝

비밀을 파헤치려는 사람을 상대하려면 안전장치가 필요하다

누군가 반론을 제기한다면 상대방이 빈틈없이 행동하는 자인지, 단지 성격이 비뚤어진 자인지를 잘 파악하라.

고집이 세기 때문에 사람에게 덤벼드는 건 아니다. 상대방을 위험에 빠트리려고 함정을 파는 경우도 있는 법이다. 따라서 고집쟁이를 상대로 논쟁에 빠지지 않도록, 영악한 자가 파놓은 함정에 빠지지 않도록 주의 깊게 살펴보아야 한다.

다른 사람의 비밀을 파헤치려는 스파이 같은 사람들만큼 조심해야 할 사람들도 없다. 사람의 마음의 문을 열려고 하는 자들을 상대할 때는 자물쇠 안에 자물쇠를 하나 더 걸어놓고 상대하는 것이 좋다. ✝

사자의 탈을 쓸 수 없다면 여우의 탈을 쓰라

시대의 흐름에 순응하는 자가 곧 시대의 리더가 된다. 바라는 것을 전부 손에 넣으면 저절로 명성을 얻게 된다. 힘만으로는 이룰 수 없다면 기술을 사용하라.

세상의 모든 일은 용자勇者가 걷는 정도나 책사策士가 지나는 지름길을 통해서 달성되는 법이다. 정도를 걸을 수 없다면 지름길을 걸으라. 지혜가 뛰어난 자가 힘 센 자보다 더 많을 것을 이룬다.

현자가 용자를 압도하는 경우는 흔히 볼 수 있지만 그 반대의 경우는 거의 볼 수가 없다. 물론, 바라는 것을 손에 넣지 못한다면 사람들에게 멸시 받을 것까지 각오해야 한다. ✝

책략을 세울 때는 더욱 비밀스럽게 하라

비밀스러운 계획을 세우더라도 나쁜 일에 사용해서는 안 된다. 하물며 사람들에게 간파 당해서는 더더욱 안 된다. 작위적인 행동이 눈에 띄면 의심을 사게 되니 일은 비밀리에 진행해야 한다. 책략을 세울 때는 더욱 비밀스럽게 행해야 한다. 그렇지 않으면 미움을 사게 될 것이다.

이 세상은 기만으로 가득 차 있으니 더욱 확고하게 지켜야 한다. 단 사람들이 경계심을 깨닫지 못하도록 하라. 그렇지 않으면 상대방의 신뢰를 잃게 된다. 내가 경계하고 있다는 사실을 상대방이 알면 기분이 상해 복수심을 품게 되어 뜻밖의 재난을 부르게 될지도 모른다. ✝

음험한 사람보다는 총명한 사람이 낫다

사람들은 모두 공평하게 취급받기를 원하지만, 그렇다고 해서 자신이 모든 사람들을 공평하게 대하고 있는 것도 아니다. 너무 성실해지려고 애쓴 나머지 우직한 사람이 되어서는 안 되며, 눈치가 너무 빨라서 교활한 사람이 되어서도 안 된다. 음험한 사람이라며 경계의 대상이 되기보다는 총명한 사람이라며 존경받는 편이 낫다. 성실한 사람은 누구에게나 사랑받지만, 그만큼 쉽게 속기도 한다.

황금시대에는 표리부동한 자가 빛을 보았지만, 철의 시대에서 살아남는 것은 악의를 품고 있는 자이다. 유능한 사람이라는 평을 듣는다는 것은 명예로운 일이며 자신감도 더욱 커지게 된다. 하지만 교활한 사람이라는 평판이 나게 되면, 언제나 사람을 속이려는 것이 아닐까 하는 의심을 사게 된다. ✝

제5장

자아구축을
위한 지혜

대화의 밑천은 지식의 샘물로 적셔주지 않으면 금방 말라 버린다

내면의 깊이를 더해야만 참된 인간이 될 수 있다. 다이아몬드의 찬란한 광채가 숙련된 연마사의 커팅에 의해 달라지듯이 안간의 내면이 빛을 발하기 위해서는 지식을 갈고 닦아야 한다.

겉모습만 그럴듯한 인간이 있는데 이런 사람은 대화를 오래 이끌어갈 수 있는 능력이 없다. 인사를 주고받고 나면 더 이상 할 얘기가 없어진다. 처음에는 시칠리아 섬의 종마처럼 이 사람, 저 사람과 활발하고 예의 바르게 말을 주고받지만 곧 수도승처럼 입을 다물어버린다. 끊임없이 솟아오르는 지식의 샘물로 적셔주지 않으면 대화는 바싹 말라버린다. ✝

결점을 제거하여 자신을 더욱 빛나게 하라

완전무결하게 보이는 사람에게도 틀림없이 결점은 존재하기 마련인데 총명한 사람일수록 그런 결점이 크게 보여 사람들 눈에 쉽게 띈다. 그 사람이 자신의 결점을 모르기 때문이 아니라 그것에 애착을 가지고 있기 때문이다. 자신의 결점을 결점으로 인정하지 않을 뿐만 아니라 그것을 사랑스럽게 여기는 이중 과오를 범하고 있는 것이다.

이런 결점은 뛰어난 인물의 얼굴에 있는 검은 점과 같다. 남들이 불쾌하게 생각하는 것을 자신의 매력이라고 여기는 것이다. 아무리 애착을 가지고 있다 하더라도 떨쳐버리고 그 결점을 제거하여 자신을 더욱 빛나게 해야 한다. 사람들은 다른 사람의 결점을 눈에 불을 켜고 찾아낸다. 장점을 칭찬하기보다는 결점만을 헐뜯으려 한다. 그런 일을 당하면 다른 재능마저도 빛을 바래고 말 것이다. ✝

위트를 한 움큼 첨가하면 절묘한 향신료가 된다

적당히 밝은 성격은 재능이다. 거기에 위트를 한 움큼 첨가하면 절묘한 향료가 된다. 교양이 있는 사람은 품위 있게 행동하고 이야기에 위트를 더함으로써 사람들에게 더욱 사랑받는다. 그들은 분별력을 중히 여기며 결코 예의를 잊지 않는다.

농담을 적절히 이용하면 난처한 상황도 쉽게 벗어난다. 때로는 다른 사람이 매우 심각하게 생각하고 있는 일이라도 농담으로 받아들이는 편이 좋은 경우도 있다. 그렇게 하는 편이 사람들 눈에는 시원시원하게 보이고, 또 신비한 매력이 되어 상대방의 마음을 끌어들일 수 있다. ✝

143

말은 총명하게 행동은 고결하게

말과 행동이 일치해야 참된 인간이 될 수 있다. 도리에 맞는 이야기를 하고 존경받을 만한 행동을 하라. 총명한 말은 명석한 머리를, 올바른 행동은 고결한 마음을 나타내며, 이두 가지가 참된 인간이라는 증거가 된다.

다른 사람을 칭찬하기보다는 사람들에게 칭찬받을만한 행동을 하라. 말로 하기는 쉽지만 실제로 행하기는 어렵기 때문이다. 행위가 인생의 실질적인 모습이며 총명한 인생을 장식한다. 뛰어난 행동은 언제까지고 사람들에게 기억되지만 말만 뛰어난 자는 곧 잊히고 만다.

훌륭한 행동은 숙고 끝에 탄생한다. 말은 총명하게, 행동은 고결하게 하기 바란다. ✝

화가 날 때는 차라리 화를 내라

무슨 일이 있어도 결코 화를 내지 않는 것은 미덕이 아니다. 화를 내지 않는 것이 둔감하기 때문만은 아니다. 어리석기 때문에 화를 내야 한다는 것을 모르는 경우도 많다. 마땅히 화를 내야 할 때는 주저하지 말고 화를 폭발시켜야만 한다.

허수아비가 아무것도 할 수 없다는 사실을 알면 새들도 그를 무시한다. 언제나 웃기만 하는 것은 어린아이와 어리석은 자뿐이다. 너무 둔감하면 커다란 재앙을 맞게 된다. 세상에는 지나치게 선량해서 신세를 망치게 되는 경우가 많다. ✝

현자란 신중한 사람을 일컫는 말이다

말言語은 야수野獸이다. 일단 우리 밖으로 뛰쳐나오면 다시 가두기가 힘들다. 말은 마음의 맥박이기도 하다. 의사가 맥을 짚어 환자의 건강 상태를 알아보는 것처럼 주도면밀한 사람은 상대방의 말에 귀를 기울여 속내를 알아본다.

안타깝게도 말을 조심해서 해야 할 사람일수록 입이 가벼운 경우가 많다. 총명한 사람은 마찰을 피하려 하며, 상황에 따라서는 타협도 하고, 입을 조심해 쓸데없는 말은 하지 않으려 한다. 현자란 신중한 사람을 일컫는 말이다. †

인격 함양은 부단한 노력에 의해 가능하다

사람의 성격은 7년을 주기로 변한다고 한다. 이 변화기에 자신의 식견을 높이도록 노력하라*. 그리고 다른 사람도 그처럼 성장하는 것이라 생각하고 따뜻한 시선으로 보아주기 바란다. 수많은 사람들이 이런 식으로 행동을 새로이 해 높은 지위에 오르고 천직에 종사하게 된 것이다.

하지만 그 변화는 서서히 일어나기 때문에 아무리 커다란 변화라 할지라도 뒤돌아보지 않으면 변화를 알지 못하는 경우도 있다. 사람은 20세에 공작이 되고, 30세에는 사자가 되며, 40세에는 낙타, 50세에는 뱀, 60세에는 개, 70세에는 원숭이가 되며, 80세에는 무로 돌아가는 것이다. ╫

* 루돌프 슈타이너는 인간의 적절한 교육단계를 유아기(0~7세), 아동기(7~14세), 청년기(14~21세)로 구분했다

다른 사람들과 함께 호흡하라

홀로 고고함을 과시하기보다는 사람들과 함께 길을 걸어라. 주위 사람들이 모두 미쳐 있다면 자신도 미쳐버리는 편이 훨씬 더 마음 편하다. 홀로 제정신이라고 생각해봐야 세상 사람들로부터 기이한 사람으로 취급 받을 것이 뻔하다. 시대의 흐름에 맞춰서 살아가는 것이 중요하다. 때로는 아무런 지혜도 없거나, 지혜가 없는 척하는 사람이 가장 지혜로운 사람이 되기도 한다.

사람은 다른 사람들과 함께 살아가야만 한다. 그리고 이 세상 대다수 사람들은 무지하다. 신에 필적할 만큼 뛰어난 사람이나, 혹은 야만스럽기 짝이 없는 사람이 아니면 혼자 살아갈 수는 없다. 때문에 제 홀로 기이한 자로 취급을 받으면서 살기보다는 대중과 함께 더불어 사는 게 현명하다. ✝

참된 성숙은 온화한 권위로부터 나온다

금의 가치는 무게로 결정된다. 인간의 가치는 도덕에 어느 정도의 무게를 두고 살아가느냐에 따라 결정된다. 재능 있는 사람이 인격적으로 성숙하면 한층 더 빛을 발하게 되며 사람들로부터 존경을 받게 된다. 냉정한 태도는 영혼을 한층 더 고귀하게 만든다.

어리석은 자의 아둔함과 침묵은 성숙이 아니다. 그것을 성숙함이라고 보는 것 자체가 어리석은 자라는 증거이다. 온화한 권위가 갖춰지면 참된 성숙에 이른다. 성숙한 인간은 말에 지혜가 넘쳐나며 무슨 일이든 능숙하게 처리한다. 유치한 행동이 사라지고 침착함이 배어나오기 시작하면 저절로 위엄도 갖춰지기 마련이다. ✝

화를 잘 다스려라

화를 쉽게 내는 성급한 사람은 자신을 위험에 빠트
릴 뿐만 아니라 다른 사람에게도 해를 끼친다. 스스로의 언동
때문에 자신의 위신에 손상을 입히고 다른 사람의 체면까지도
깎아내린다.

그런 사람들은 어딜 가나 있지만 그들과 원만한 관계
를 유지하기란 그리 쉬운 일이 아니다. 그들은 아침부터 밤까
지 다른 사람을 불쾌하게 만들고 그래도 만족하지 못한다. 눈
에 보이고 귀에 들리는 모든 것에 화를 내며 이야기를 나누는
모든 사람들에게 덤벼든다.

불평불만에 넘친 사람들이 헤아릴 수도 없이 많다.
하지만 내가 그러한 괴물이 될 필요는 없는 것이다. ✝

언행이 일치해야 품위가 손상되지 않는다

언행은 일치해야 한다. 사려 깊은 사람은 무슨 일에 나 일관된 모습을 보이기 때문에 자신의 품위를 손상시키지 않는다. 이런 사람들은 합당한 이유가 있고 무엇인가를 얻을 수 있는 때가 아니면 태도를 바꾸지 않는다. 사려분별이라는 입장에서 보자면 변화는 악인 것이다.

말과 행동이 매일매일 다른 사람들 이 있다. 그들의 운은 날마다 바뀌 며 의지와 이해력도 나날이 달라 진다. 어제 인정했던 일을 오늘 은 부정한다. 그들은 자신의 평판을 배신하는 행동을 하며 사람들의 머리를 혼란스럽게 만 든다. ☘

경솔함만큼 품위를 손상시키는 것도 없다

명성을 얻는 데 있어서 경솔함은 가장 큰 장애물이 된다. 신중한 사람은 보통 사람이 가지고 있지 않은 덕을 가지고 있지만 경솔한 사람은 보통 사람 이하의 인간으로 취급된다.

경솔함만큼 품위를 손상시키는 것도 없다. 또한 경솔한 사람은 속이 비어 있는 경우가 많다. 나이 든 사람일수록 더욱 그럴 것이다. 나이가 들면 저절로 분별력을 갖추게 되는데도 불구하고 여전히 경솔하다면 그는 존경 받을 구석이 없는 사람이다. ǂ

큰 결점을 극복하면 작은 결점들이 사라진다

재능 있는 사람일수록 결점도 많은 법이다. 결점을 고칠 수 없다고 포기해버리면 점점 악화되어 폭군처럼 사람을 지배하기 시작한다.

결점을 극복하기 위해 가장 먼저 해야 할 일은 그것을 깨닫는 것이다. 결점이 무엇인지 알고 그것을 없애려고 노력하라. 내 결점을 꾸짖는 사람에게 지지 않을 정도로 스스로 그 결점에 주의를 기울여야 한다. 자기 자신에 대해서 깊이 생각해 스스로를 컨트롤하는 것이다. 가장 큰 결점을 극복하면 나머지 작은 결점들도 점점 사라질 것이다. ✝

가슴 깊은 곳에 비밀을 숨겨둘 장소를 만들어라

말수가 적은 것은 재능 있는 인간이라는 증거이다. 가슴 깊은 곳에 비밀을 숨겨둘 장소를 만들어라. 넓은 산 속의 조그만 웅덩이 깊은 곳에 소중한 것을 감춰라. 침묵은 자제심에서 태어난다. 과묵한 사람이야말로 참된 승리자다.

자신의 속내를 털어놓은 사람에게는 자신이 말한대로 행동해 보여야만 한다. 그러므로 속내를 털어놓은 사람의 숫자가 많을수록 부담감도 커진다. 내 속내를 살피려는 자가 있으면 침묵은 위협을 받게 된다. 그들은 내 말 하나하나에 꼬투리를 잡으려 한다. 그리고 제아무리 빈틈없는 사람이라 할지라도 자신도 모르게 본심을 털어놓게 할 만큼 비아냥거리기도 한다. 앞으로 하려고 하는 일에 대해서 결코 말을 해서는 안 된다. ✝

완벽한 인간의 기준 - 고상한 취미, 명석한 두뇌, 명확한 의지, 원숙한 판단력

완벽한 인간으로 태어나는 사람은 아무도 없다. 나날의 노력을 통해서 인격적으로도 직업적으로도 그 정점에 달하면 재능은 저절로 빛을 발하게 되며, 그의 이름은 더욱 높아지게 된다.

고상한 취미, 명석한 두뇌, 명확한 의지, 원숙한 판단력 - 이것이 완벽한 인간임을 나타내는 지표가 된다. 끊임없이 무엇인가가 부족하여 완성의 경지에 이르지 못하는 사람이 있는가 하면, 오랜 세월에 걸쳐 자신을 완벽하게 만든 사람도 있다. 자신을 완벽하게 만든 사람은 그 말에 예지叡智가 넘쳐나며 분별력 있는 행동을 하기 때문에 사려 깊고 쟁쟁한 사람들의 환영을 받으며 친구가 되자는 청을 받게 된다. ✝

제6장

·

우정을 기르기
위한 지혜

배울 점이 많은 친구를 스승으로 삼으면 지식을 쌓을 수 있다

배울 점이 많은 친구를 사귀어라. 친구와의 교제가 곧 지식을 쌓는 학교가 된다. 친구와의 대화를 통해서 세련된 교양을 익히는 것이다. 친구를 스승으로 삼으면 대화를 즐기면서 지식을 얻을 수 있다. 지식인과의 교류를 즐겨라. 내가 감탄사를 낸다면 그것만으로도 보람 있는 일이다. 상대의 말에 귀 기울이다 보면 절로 지식이 쌓인다.

사려 깊은 자는 이름 있고 품격 있는 사람의 집에 자주 드나든다. 그곳은 허영이 소용돌이치는 곳이 아니다. 그중에는 풍부한 식견으로 이름을 드날리는 인물도 있다. 그런 사람들과 가까이 지내며 그들을 모범으로 삼으면 인생에서의 중요한 점도 꿰뚫어 볼 수 있게 될 것이다. 그들 주위에는 사려 깊고, 분별 있으며, 지혜가 뛰어난 사람들이 모여드는 기품 넘치는 살롱이 형성되는 법이다. ✝

어리석은 친구를 사귀면 불행이 늘 함께한다

어리석은 사람과 사귀면 억울한 피해를 당하게 된다. 어리석은 자를 구분하지 못하는 사람 역시 어리석은 자이다. 상대방이 어리석은 사람인 줄 알면서도 사귀는 것은 더욱 어리석은 사람이다. 설사 깊은 교제가 아니라 할지라도 어리석은 사람과 사귀는 것은 위험한 짓이다. 상대방을 믿었다가는 커다란 낭패를 보게 된다. 그때가 되어서 후회해봐야 본인의 어리석음만 드러내는 것일 뿐이다.

처음에는 어리석은 사람도 주의를 기울이고 이쪽도 조심해서 대하지만, 시간이 흐르면 그 어리석음이 겉으로 드러나 어처구니없는 짓을 저지르게 된다. 세상의 평판이 좋지 않은 자와 사귀게 되면 결국 자신의 명성에도 흠집이 나기 마련이다.

어리석은 자는 틀림없이 불운에 휩싸이게 된다. 그것이 그들의 운명인 것이다. 어리석음과 불운이라는 이 두 가지 불행은 그들에게 엉겨 붙어 떨어지질 않는다. 어리석은 사람과 사귀는 자는 그 불행을 자신에게도 불러들인다.

역설적이게도 어리석은 자에게도 장점이 있다. 어리석은 사람에게 현명한 사람은 아무 짝에도 쓸모없는 존재지만, 어리석은 사람은 현명한 사람에게 도움이 되기도 한다. ✝

친구는 자신의 분신이다

친구는 제2의 자신이다. 누구나 친구에게는 친절하게 대하며 가벼운 마음으로 지혜를 빌려준다. 그들과 함께 있으면 무슨 일이든 순풍에 돛을 단 듯 일이 쉽게 풀린다.

친구가 기대를 걸어준다는 것은 자신에게 그만큼 가치가 있다는 의미이다. 그들이 높이 평가해줬다면 그 말은 그대로 받아들여도 좋을 것이다. 친구의 입에서 나오는 것은 마음 깊은 곳에서 나오는 말이다. 상대방을 위하는 말만큼 사람의 마음을 사로잡는 것도 없다.

이 세상에는 친구와 함께 살아가느냐, 적을 상대하며 인생을 보내느냐, 하는 두 가지 길이 있다. 하루에 한 사람씩 친구를 만들어라. 친구가 아닌 나를 흠모하는 사람이어도 상관없다. 잘 선택하기만 한다면 신뢰할 만한 가치 있는 친구가 몇 명은 남게 될 것이다. ╪

사려깊은 친구는 슬픔을 쫓고, 어리석은 친구는 비애를 부른다

분별력이 있고 운이 좋으며, 의지가 강하고 총명한 사람과 사귀어야 한다. 성공한 인생을 보낼 수 있느냐 없느냐는 좋은 친구가 있느냐 없느냐에 달려 있다.

사람은 그 친구에 의해서 평가된다. 현명한 사람은 어리석은 사람과 친하게 지내지 않는다. 함께 떠들고 즐기는 가운데 참된 친구가 생겨날 리가 없다.

우정에는 올바른 것도 있지만, 올바르다고 할 수 없는 것도 있다. 전자는 인생에 풍요로운 결실을 가져다주고 성공을 약속하는 우정이며, 후자는 쾌락을 추구하는 우정이다. 친구의 날카로운 비판이 수많은 선의에 가득 찬 말보다 훨씬 더 고마운 것일 수 있다. 따라서 친구는 되는대로 사귀지 말고 신중하게 선택해야 한다. ☩

복수의 기쁨이 괴로운 고통이 된다

친구를 사귈 때는 친구가 가장 무서운 적이 될 경우도 염두에 두지 않으면 안 된다. 이는 실제로 비일비재하다.

우정을 배신한 자를 증오하며 복수해야겠다고 마음먹어서는 안 된다. 그런 싸움은 비참하기 짝이 없는 결과를 초래한다. 친구가 적이 되었다 하더라도 오히려 화해를 위한 문을 열어두는 편이 낫다. 관대한 행동을 보이는 것이 화해로 가는 확실한 길이다.

복수의 기쁨이 때로 괴로운 고통으로 변하는 경우가 많다. 상대방에게 상처를 주었다는 만족감이 격렬한 고통이 되어 돌아오는 경우도 흔치 않은 일이다. ‡

나를 거침없이 질타하고 충고해줄 친구를 만들어라

접근하기 어려운 사람으로 보여서는 안 된다. 인간은 완전무결할 수 없기 때문에 다른 사람의 조언이 필요한 경우가 많다. 다른 사람의 이야기에 귀를 기울이지 않는 자는 달리 구제할 길이 없는 어리석은 사람이다. 다른 사람의 힘은 빌리지 않는다 하더라도 친구의 진심이 담긴 조언은 고맙게 들어야 한다.

접근하기 어려운 사람으로 보이면 막상 큰일을 당했을 때 어려움을 겪게 된다. 궁지에 몰렸을 때 도와주는 사람이 없어서 자멸의 길을 걸을 수 있다. 무슨 일이 있어도 자신의 의지를 꺾지 않겠다고 하

는 사람이라 할지라도 친구를 맞아들일 문 하나 정도는 열어 두어야 한다. 그 문을 통해서 구원의 손길을 내밀 것이다. 거침없이 나를 질타하고 충고해줄 사람이 필요하다. 친구를 믿고 이와 같은 관계를 만들어야 한다.

그것은 또한 상대방의 성실성을 인정하고 지성을 높이 평가하고 있다는 증거이기도 하다. 이 사람 저 사람, 아무나 믿고 그런 관계를 맺어서도 안 되겠지만, 마음 깊은 곳에서는 참된 친구를 자신의 거울이라 생각하고 언제나 주의해서 자신을 있는 그대로 보도록 해야 한다. 그 거울에 비친 자신의 모습을 잘못 보지 않는 한, 과오를 범하지 않을 것이다. ✝

고결한 사람에게 명예는 마치 훈장과도 같다

절도 있는 사람에게 호의를 베풀고, 그들에게 호감을 줄 수 있도록 하라. 명예와 절도를 중히 여기는 그 태도가 어떤 경우라도 – 설사 의견이 대립된다 하더라도 – 자신을 공정하게 해준다. 왜냐하면 그런 사람은 자신이 옳다고 생각하는 대로 행동하기 때문이다.

마음이 비천한 사람을 쓰러트리는 데 에너지를 소비하기보다는 고결한 사람과 싸우는 편이 그나마 유익하다. 상대가 비열한 사람이라면 무슨 수를 쓰든 일이 제대로 풀릴 리가 없다. 애초부터 공정하게 행동해야겠다는 의무감 같은 것은 그들에게 존재하지도 않는다.

명예심이 없는 사람은 상대하지 마라. 그런 사람은 미덕도 중히 여기지 않는다. 고결한 사람에게 명예심은 마치 훈장과도 같은 것이다. ⳾

호의를 가진 친구의 마음을 사로잡아라

특별한 경우에만 친구의 힘을 빌려야 한다. 하찮은 일로 친구에게 도움을 청하거나 부탁을 해서는 안 된다. 진정으로 위험한 순간에 처했을 때를 대비해서 친구의 호의는 소중히 여겨야 한다. 하찮은 일로 친구에게 의지하면 상대방의 호의도 점점 약해지게 된다.

내 몸을 걱정해주는 친구의 호의만큼 귀중한 것도 없다. 친구와 함께 이야기를 나누면 좋은 생각이 떠오르지만, 혼자서는 아무리 생각을 해봐야 좋은 생각은 떠오르지 않는다.

현명한 사람은 그 인품으로 사람들에게 호감을 주고, 그 명성으로 많은 것들을 손에 넣는다. 하지만 운명의 신은 그것을 질투해서 궁지로 몰아넣는다. 참으로 어려움에 처했을 때는 아무리 많은 것을 가지고 있다 해도 전혀 도움이 되지 않는다. 호감을 품고 있는 친구의 마음을 꼭 붙들어두어야 한다. †

우정의 필수조건 세 가지 - 조화와 선, 그리고 진실

가까이에 있어서 고마운 친구가 있는가 하면, 멀리 두고 사귀는 것이 더 좋은 친구도 있다. 이야기 상대로는 적합하지 않지만 글을 주고받기에 적합한 친구도 있다. 가까이 있을 때는 견디기 힘든 결점이라도 멀리 떨어져 있으면 그다지 마음에 걸리지 않는 법이다.

친구와의 사귐에서 즐거움만을 추구해서는 안 된다. 친구에게 무엇인가 얻으려 노력하지 않으면 안 된다. 우정이 반드시 갖추고 있는 세 가지 특질이 있다. 조화와 선, 진실이 그것이다.

많은 친구들과 교제하는 사람들이 있지만 좋은 친구를 가진 사람은 극히 드물다. 친구를 잘 선택하는 법을 모른다면 참된 친구를 얻을 수 없다. 새로운 친구를 만들기보다는 우정을 오랫동안 지속시키는 법을 알고 노력하는 것이 더욱 중요하다. 우정을 오래 유지할 수 있는 사람을 친구로 삼아야 한다. 지금은 깊이 사귀지 못한 친구라 할지라도 언젠가는 오랜 친구가 될 거라고 생각하면 마음도 편해진다.

가장 좋은 친구는 인생 경험이 풍부하고 수많은 고락^{苦樂}을 함께해온 친구이다. 친구가 없는 인생은 황무지와도 같다. 친구가 있으면 인생의 기쁨은 더욱 커지며 슬픔을 함께 나눌 수 있다. 불행한 일을 당하게 되었을 때 우정은 의지할 곳이 되며 마음을 위로해주는, 그 무엇과도 바꿀 수 없는 소중한 존재이다. ✝

제7장

사람들에게
사랑받기
위한 지혜

분노의 감정은 강한 자제력으로 진정시켜라

분노를 억누르는 방법을 익혀라. 언제나 마음속을 들여다보고 분노가 폭발하지 않을까 눈을 크게 뜨고 살펴봐라. 피가 거꾸로 솟아오를 때면 자신이 흥분하기 시작했다는 사실을 자각하라. 그렇게 해서 기분을 가라앉히고 감정이 폭발하지 않도록 강한 자제력을 발휘하는 것이다.

분노를 억누르는 방법을 알고 화가 나려 할 때마다 마음을 진정시켜야 한다. 일단 분노가 폭발하면 그것을 억누르기란 극히 어려운 법이다. 격렬한 분노에 사로잡혔을 때에도 이성적인 행동을 한다면 그것은 분별력이 매우 뛰어나다는 증거이다.

격정에 몸을 내맡기지 말고 신중하게 자제력의 그물을 쳐라. 그렇게 하면 어느 곳에서나 현자라는 이야기를 들을 것이다. ✝

진실을 말할 때는 진중한 말과 예의바른 행동을 갖춰라

진실은 때에 따라서 단 것이 될 수도 있고 쓴 것이 될 수도 있다. 마음이 올바른 자는 진실을 밝히지 않고는 견디질 못한다. 사람들에게 진실을 밝히기 위해서는 대단한 기술이 필요하다. 사람의 마음을 꿰뚫어 보는 명의^{名醫}는 진실의 고통을 줄이는 방법을 터득하고 있다. 진실을 얘기함으로써 상대방의 거짓을 가차 없이 들춰낸다면 진실은 그저 쓴맛밖에 나지 않는다.

다른 사람에게 진실을 얘기할 때는 신중하게 말을 고르고 예의를 잃지 않도록 하기 바란다. 같은 하나의 진실이라도 이야기하는 방법에 따라서 듣기 편한 선율이 되기도 하고 귀에 거슬리는 소음이 되기도 하는 법이다.

남에게 충고를 할 때 지난날의 사례들을 들어 진실을 깨닫게 하는 것도 하나의 방법이 된다. 상대방이 총명한 사람

이라면 넌지시 암시를 주는 것만으로도 진실을 전할 수 있으
며 때로는 아무런 말을 하지 않아도 상대방이 진실을 깨닫게
되는 경우도 있다.

윗사람에게는 씁쓸한 진실을 그대로 전달해서는 안
된다. 그들의 방황을 없애기 위해서 진실이라는 음식을 보기
좋은 그릇에 담아서 먹게 하라. ✝

의견 충돌이 있을 때는 역지사지 하라

자신의 의견을 너무 내세우지 말라. 사람은 누구든지 자신의 이익을 최우선으로 생각하며 자신의 정당성을 주장하기 위해서 온갖 논거論據를 늘어놓는 법이다. 대부분의 경우, 사람의 판단은 감정에 쉽게 좌우된다. 두 사람이 서로 으르렁대며 자신의 주장이 옳다고 조금도 양보하지 않는 모습을 흔히 볼 수 있다.

하지만 진리는 언제나 하나이며, 두 개인 경우는 없다. 다른 사람의 의견과 충돌한다면 지혜를 짜내서 신중하게 이야기를 끌고 나가야 한다. 경우에 따라서는 지금과는 반대되는 입장에 서서 주의 깊게 생각해보고 의견을 바꾸기도 해야 한다. 상대방의 관점에서 자신의 생각을 검토해볼 필요가 있다. 그렇게 하면 무턱대고 상대방을 비난하는 일도, 무조건 자신을 정당화하는 일도 사라진다. ✝

명석한 두뇌와 유창한 표현력은 살아가는 데 중요한 요소이다

확실하게 알기 쉽도록 이야기하라. 좋은 생각을 가지고 있으면서도 표현에 서툰 자들이 있다. 이야기가 명확하지 않기 때문에 아무리 좋은 의견이나 뛰어난 제안을 해도 빛을 보지 못하는 것이다.

다른 사람의 말에 귀를 기울이지만, 자신의 의견을 말해야 할 때가 되면 제대로 말하지 못하는 사람도 있다. 그런가 하면 생각에 없던 말까지 줄줄이 잘도 늘어놓는 사람들도 있다. 무슨 일이 있어도 흔들리지 않는 강인한 의지만큼이나, 명석한 두뇌와 유창한 표현력도 인생을 살아가는 데 중요한 요소이다. ✝

인기 있는 사람을 멸시하면 자신이 멸시 당한다

사람들과 다른 행동을 하면 반드시 미움을 사게 된다. 게다가 잘못된 행동까지 한다면 어리석은 사람으로 취급받을 것이 뻔하다. 대중에게 인기 있는 사람을 경멸하면 자신도 멸시 받게 된다. 그리고 취향이 이상하다며 모든 사람들이 그를 멀리할 것이다.

좋은 것을 구별해내는 눈이 없다면 감수성이 무디다는 사실을 알아차리지 못하도록 해야 한다. 모든 것을 한꺼번에 싸잡아서 비난해서는 안 된다. 무지함 때문에 사물에 대한 감각이 좋지 못한 경우가 많다. 모든 사람들이 좋다고 하는 것은 틀림없이 좋은 것이며, 적어도 좋은 것일 가능성이 높다. ✝

진지한 사람이 위트 있는 사람보다 더 존경 받는다

농담도 정도껏 해야 한다. 현명한 사람들은 진지함으로 이름을 알린다. 진지한 사람이 위트가 풍부한 사람보다 더 존경 받는 법이다. 언제나 농담만 해서는 결코 참된 인간이 될 수 없다. 그런 사람은 거짓말쟁이로 취급 받을 뿐, 누구도 그를 믿으려 하지 않을 것이다. 속고 있는 것이 아닐까, 혹은 놀림을 당하고 있는 것이 아닐까 생각하기 때문이다.

쉴 새 없이 농담을 연발하면 유머감각이 뛰어나다고 생각할지도 모르겠지만, 그것은 유머 중에서도 가장 저급한 유머이다. 위트가 풍부한 사람이라는 평판을 얻을지는 모르겠지만, 그 때문에 분별 있는 사람이라는 평가는 사라지고 말 것이다.

때로는 농담을 하며 유쾌하게 시간을 보내는 것도 좋지만 그 외의 시간에는 언제나 진지해야 한다. ✝

말을 얼버무리는 것도 위기탈출의 방법이다

궁지에서 **빠져나오는** 방법 중 하나가 말을 얼버무리는 것이다. 세련된 농담으로 복잡하기 짝이 없는 미로에서 **빠져나올** 수 있다. 미소를 짓는 것만으로도 어려움을 회피할 수 있다.

이 마지막 방법이 있었기에 그 위대한 명장 곤살로 데 코르도바*도 용감하게 싸울 수 있었던 것이다.

'노'라고 할 때도 친밀함을 담아서 말하면 화제는 자연스럽게 다른 곳으로 옮겨간다. ✝

---

* '위대한 지휘관'이라 불리며 무어인과의 전쟁, 이탈리아 남부에서의 전쟁에서 이름을 날린 스페인의 군인. 약탈자로 악명이 높았지만, 사람들로부터의 추궁을 피하는 방법을 잘 알고 있었다.

진실을 숨겨야 할 때도 있다

거짓말을 해서는 안 된다. 하지만 모든 진실을 낱낱이 밝히는 것도 좋지 않다. 진실만큼 다루기 어려운 것도 없다. 자칫 잘못하면 심장에서 피가 흐르게 된다. 진실을 이야기하는 데도, 또 숨기는 데도 기술이 필요하다.

한 번이라도 거짓말을 하면 정직하다는 평판을 잃어버린다. 사람들은 속은 사람에게도 잘못이 있다고 생각할 것이다. 하지만 속인 사람은 신의가 없는 사람으로 취급되며, 따라서 명예도 잃게 될 것이다.

진실은 모든 사실을 낱낱이 말하는 게 아니다. 자신을 위해서 입을 다물고 있어야 할 때도, 다른 사람을 위해서 입을 다물고 있어야 할 때도 있는 법이다. ✝

⁎

부탁을 할 때도 시기를 잘 포착해야 한다

남에게 부탁을 할 때, 쉽게 부탁할 수 있는 사람이 있는가 하면 부탁하기 어려운 사람도 있다. 남에게 부탁을 받으면 도저히 거절하지 못하는 사람들도 있다. 이런 사람이라면 쉽게 부탁할 수 있다. 하지만 무슨 일이든지 부탁을 받으면 기계적으로 '노'라고 답하는 사람들도 있다. 바로 이런 사람들에게 부탁할 때는 좀 더 세심한 기술이 필요하다.

그들에게 부탁하려면 적합한 시기를 선택해야 한다. 상대방이 피곤에 지쳐 있지 않고, 마음도 차분하게 가라앉아 있으며, 기분이 좋아 보일 때를 잘 포착해서 부탁하는 것이 좋다. 기쁜 일이 생긴 날에는 친절을 베푸는 법이다. 몸 안에서 넘쳐나는 기쁨을 다른 사람에게도 나눠주고 싶기 때문이다.

누군가가 그에게 부탁을 했다가 거절당하는 것을 봤다면 그날은 포기하는 것이 좋다. 한 번 거절을 해버리면 다른 일을 거절하는 것도 어렵지 않기 때문이다. 상대방이 이쪽의 진의를 파악하기 위해 경계하고 있을 때 부탁해서도 안 된다. 또한 슬픔에 잠겨 있는 사람에게 부탁을 하는 것도 쓸데없는 짓이다.

상대방에게 먼저 은혜를 베푼 적이 있다면 그것을 빌미로 승낙을 얻어낼 수도 있다. 하지만 상대방의 성품이 비열하고 호의에 보답해야 할 의무를 전혀 느끼지 못하는 사람이라면 얘기는 또 달라진다. ✝

궤변을 늘어놓는 이유는 거짓과 불확실성 때문이다

위엄에 손상이 가는 말을 하는 것은 어리석은 자나 하는 짓이다. 역설적인 말은 일종의 기만과 같다. 처음에는 그럴듯하게 들리며 참신하기 때문에 흥미를 끌고 상대방을 놀라게도 하지만 후에 엉터리였다는 사실이 밝혀지면 불명예를 떠안게 된다.

궤변을 늘어놓는 것은 현상을 정확하게 판단할 능력이 없으며 사려분별이 부족하다는 증거이다. 궤변의 근거가 되는 것은 거짓과 불확실한 사실이다. 그런 것을 입에 담으면 당연히 자신의 위엄에 손상을 입게 된다. ✝

은혜는 조금씩, 하지만 자주 베풀라

상대방이 갚을 수 없을 정도의 은혜를 베풀어서는 안 된다. 남에게 무턱대고 친절을 베푸는 것은 친절이 아니다. 이는 은혜를 과시하는 것에 지나지 않는다. 그렇게 하면 상대방도 그다지 고마워하지 않는다. 내가 베푼 은혜를 감사하게 생각하면서도 그 은혜를 갚을 수 없게 되면 교제를 끊어버리는 경우도 있다. 상대방이 부담을 느낄 정도로 은혜를 베풀면 친구를 잃게 된다.

신상神像은 자신을 만든 사람의 얼굴을 보고 싶어 하지 않으며, 은혜를 받은 사람은 은혜를 베푼 사람의 곁에 다가가려 하지 않는 법이다. 선물로 상대방을 기쁘게 해주고 싶다면 상대방이 갖고 싶어 하며 나에게도 부담이 되지 않는 것을 보내야 한다. ╫

대화를 나눠보면 그 사람의 도량을 알 수 있다

인간의 모든 활동 중에서 대화만큼 사려분별을 요구하는 것도 없다. 사람은 언제나 누군가와 이야기를 하고 있기 때문이다. 글은 생각한 것을 기록한 일종의 대화로, 이 역시 신중하게 적지 않으면 안 된다.

하지만 사람과 이야기를 할 때는 그것 이상으로 신중을 기해야 한다. 분별력이 있는지 없는지를 그 자리에서 판단할 수 있기 때문이다. 화술이 뛰어난 사람은 그 자리에서 상대방의 말의 진의를 속속들이 파악해낸다. 어떤 현인은 "무슨 말이든 나눠보게. 그럼 그 사람의 성품을 알 수 있을 것일세."라고 말했다.

대화를 할 때 무엇인가를 의식할 필요 없이 있는 그대로 이야기하는 것이 좋다고 말하는 사람들이 있다. 친구들

끼리 이야기하는 것이라면 그래도 상관없을 것이다. 하지만 지위가 높은 사람들의 모임에서는 좀 더 신중한 마음가짐으로 이야기하지 않으면 안 된다. 그 사람의 그릇의 크기가 사람들 앞에 그대로 드러나기 때문이다.

사람들과 능수능란하게 대화하고 싶다면 상대방의 성품과 명석한 정도에 자신을 맞춰야 한다. 상대방의 말꼬리를 잡고 늘어져서는 안 된다. 다른 사람의 말을 일일이 비난하면 모든 사람이 멀리하며 상대를 해주지 않을 것이다. 다른 사람과 대화를 나눌 때는 청산유수처럼 이야기하기보다는 신중하게 말을 골라가며 하는 편이 훨씬 더 중요하다. ✝

세상 사람들은 내면보다는 외면으로 사람을 평가한다

내면을 갈고닦음과 동시에 외면에도 신경을 써라. 세상 사람들은 사물의 본래 모습을 보지 않고 외면을 있는 그대로 받아들인다. 뛰어난 재능을 가진 사람이 외면에도 신경쓴다면 세간의 평은 더욱 좋아질 것이다. 눈에 보이지 않는 것은 이 세상에 존재하지 않는 것과 다를 바 없다. 사려 깊고 분별력 있는 사람이라 할지라도 그에 어울리는 인상을 갖고 있지 못하다면 존경받지 못할 것이다. 세상에는 안목 있는 사람보다 외면에 속는 사람들이 훨씬 더 많다.

기만이 판치고 있는 이 세상에 외견이 주는 인상 그대로의 것은 거의 없다. 하지만 바로 그런 시대이기에 제아무리 뛰어난 재능을 가지고 있다 하더라도 그것을 사람들 눈에 띄게 하지 않으면 세상으로부터 인정을 받을 수 있는 기회조차도 얻지 못한다. †

튀는 행동을 하는 사람들은 미운털이 박힌다

주목을 받으려고 하는 사람은 그가 아무리 뛰어난 능력을 가지고 있다 하더라도 다른 사람에게 제대로 인정받지 못하며 이상한 행동을 하는 사람이라는 비난을 받게 될 것이다. 주목을 받으려 하는 것 자체가 그 사람의 결점이 된다.

미인도 너무 아름다우면 별로 좋지 못한 평을 듣게 된다. 너무 훌륭해서 접근하기 어려운 사람은 반감을 사게 된다. 사람들의 눈을 끌기 위해 부끄러운 줄도 모르고 눈에 띄는 행동을 하는 사람은 더더욱 미움을 받는다.

세상에는 나쁜 행동으로 명성을 얻으려는 자들이 있다. 이런 사람들은 자신의 평판을 떨어트릴 새로운 수단을 생각해내서 더욱 세상의 주목을 받으려 한다. 그런 행동들은 결국 교양이 없음을 드러낼 뿐이다. ✝

거절할 때는 항상 정중하게 하라

　　다른 사람의 말을 무엇이든 받아들일 수는 없다. '노'라고 말하는 것도 부탁을 들어주는 것만큼 중요하다. 문제는 말하는 방법이다. 어떤 사람의 '노'가 다른 사람의 '예스'보다 더 고맙게 느껴지는 경우가 있다. '노'라는 말도 겉모양을 잘 꾸미기만 하면, 무뚝뚝한 '예스'보다 더 기분 좋게 들리기도 한다.

　　언제나 '노'라고만 대답하거나 '노'라고 대답하는 방법을 잘 몰라서 상대방에게 실망을 주는 사람들이 많다. 상대방이 처음에 받았던 불쾌한 인상이 너무 강하기 때문에 이런 사람들은 나중에 부탁을 들어준다 하더라도 상대방에게 좋은 인상을 심어줄 수 없다.

　　다른 사람의 청을 한마디로 딱 잘라서 거절해서는 안된다. 실망은 조금씩 맛보게 하는 것이 좋다. 결코 처음부터 끝까지 거절해서는 안 된다. 그러면 누구나 앞으로는 절대 부탁하지 않겠다고 생각할 것이다. 언제나 마지막 희망의 끈을 남겨두어 거절의 쓴맛을 조금은 부드럽게 할 필요가 있다. 호의를 베풀지 못하는 만큼 예의 바른 행동과 정중한 말로 도움을 주지 못하는 것에 대한 보상을 하는 것이다.

'노'와 '예스' 모두 짧은 말이지만, 말할 때는 잘 생각한 뒤에 사용해야 한다. ✝

쓸데없는 참견은 비웃음거리가 될 뿐이다

남들이 나를 소중하게 여겨주길 바란다면 스스로를 소중하게 여겨야 한다. 자신을 너무 드러내지 말라. 여기저기 나대서는 결코 안 된다. 요구에 응해 나가는 것이라면 환영받을 것이다. 부르지도 않았는데 얼굴을 내밀어서는 안 되며, 그곳에 가달라는 부탁을 받지 않았다면 가지 말아야 한다.

자신이 주도권을 쥐지 않고는 견디지 못하는 자는 실패하면 미움을 사게 되며, 성공한다 하더라도 칭찬을 받지 못하는 법이다. 쓸데없이 남의 일에 참견하는 사람은 비웃음의 표적이 될 뿐이다. 필요 이상으로 참견하면 어처구니없는 싸움에 휘말리게 된다. †

편안한 말은 사람의 마음을 사로잡는다

비단처럼 고운 말은 사람의 마음을 소리 없이 사로잡는다. 화살은 몸을 꿰뚫는다. 더러운 말은 사람의 마음을 찌른다. 맛있는 사탕을 먹으면 입에서 좋은 냄새가 난다.

말은 공기와 같다. 사람의 마음을 사로잡기에 능숙한 자는 상대방에게 공기를 파는 것이다. 대부분의 것들은 말로 살 수 있으며, 궁지에 몰린 사람을 오직 말로써 구할 수 있는 경우도 있다. 상대방이 완전히 들떠 있을 때나 멍하니 이야기를 듣고 있을 때는 말로써 상대방을 원하는 대로 조종할 수 있다. 윗사람의 부드러운 한마디 말에는 부하의 마음을 움직이는 힘이 있다.

입에서는 향기로운 냄새가 나게 하고, 말에는 적조차도 좋아할 만한 달콤한 옷을 입혀라. 사람들에게 사랑받는 한 가지 방법은 온화하고 상냥하게 사람을 대하는 것이다. ✝

다른 사람의 단점보다는 장점을 찾아 칭찬해줘라

다른 사람의 장점을 찾아내서 칭찬하라. 그러면 성품이 고상하며 눈이 높은 사람이라는 평가를 받게 된다.

한 사람의 좋은 면을 알게 되면 다른 사람의 좋은 면도 바로 알아볼 수 있다. 이렇게 보는 눈을 키워서 사람들의 좋은 점을 놓치지 않도록 해야 한다. 사람을 칭찬하는 것은 좋은 이야깃거리가 될 뿐만 아니라, 그 자리에 있던 사람들이 자신도 올바른 행동을 해야겠다고 생각하게 만든다. 이는 사람들에게 예의 바르게 행동할 것을 권하는 세련된 방법이기도 하다.

이와는 전혀 반대로 행동을 하는 사람도 있다. 언제나 남의 결점만을 찾아내며, 당사자가 없으면 흉을 보고, 같이 있는 사람의 환심을 사려 하는 자다. 이와 같은 방법이 통하는 상대는 그런 속임수를 알아차리지 못하는 생각이 얕은 사람들 뿐이다. 남의 험담을 하는 사람은 다른 곳에서도 똑같다. 자신이 그 험담의 표적이 되지 말라는 법도 없다.

또, 지난날의 뛰어난 업적보다 최근의 하찮은 일에 대해서 자꾸만 이야기하는 사람도 있다. 상대방을 진심으로 존경하는 것이 아니라 입에 발린 소리로 아부하려 든다. 그런 사람들은 이와 같은 방법으로 환심을 사려 든다는 사실을 잊어서는 안 된다. 사려 깊은 사람은 남들이 갖은 말로 칭찬을 하고, 아무리 입에 발린 소리를 해도 거기에 속지 않는다. ✝

상대방의 기호를 모르면 친절을 베풀어놓고도 미움을 받는다

같은 말이라 할지라도 기쁘게 생각하는 사람이 있는 가 하면, 모욕을 당했다고 생각하는 사람도 있다. 대접할 생각으로 마음을 썼다가 오히려 상대방의 기분을 상하게 하는 경우도 있다. 사람의 기호를 모르면 기껏 친절을 베풀어놓고 미움을 받게 될지도 모른다.

남을 기쁘게 해주겠다며 전혀 엉뚱한 짓을 한다면 상대방이 고마워 할 리 없다. 남의 기호를 파악하지 못하는 사람이 준비하는 선물은 쓸모없는 것이 되어버릴 가능성이 높다. 상대방의 성격을 모르면 그 사람에게 만족감을 줄 수 없다. 그런 상태로는 상대방을 칭찬할 생각으로 한 말이 모욕감을 주게 될지도 모른다. ✝

힘을 절반만 쓰는 자가 전력을 다하는 자보다 더욱 믿음직하다

무슨 일에나 조금은 여유를 갖도록 하라. 그렇게 하면 뜻밖의 일에도 바로 대처할 수 있기 때문에 믿을 만한 사람이라는 말을 듣게 될 것이다. 무슨 일에나 전력을 기울이고 모든 재능을 발휘해서는 안 된다. 지식조차도 한꺼번에 모든 것을 보여서는 안 되며 조금씩 내보여야 한다. 그렇게 하면 세상의 평가는 더욱 좋아질 것이다.

궁지에 몰렸을 때를 대비해서 언제나 조금은 여유를 가져야 한다. 세상 사람들은 적극적이고 과감한 공격보다 시기적절한 구원을 더욱 중히 여기며, 더욱 많은 경의를 표한다.

사려 깊은 자는 언제나 안전한 항로를 선택한다. 이런 의미에서 보더라도 '힘을 반만 쓰는 자가 전력을 다하는 자보다 더욱 믿음직하다.'는 역설은 믿을 만한 가치가 있다. ✝

공연히 적을 만드는 행동은 하지 마라

성공과 명성은 사람들의 존경을 받느냐 못 받느냐에 따라 결정된다. 올바른 일을 하기만 하면 된다고 생각하는 사람도 있지만 그것만으로는 충분하지 않다. 사람들이 호감을 갖도록 노력하지 않으면 안 된다. 상대방을 기쁘게 하는 일은 그다지 밑천이 들지 않지만 그로 인해서 얻는 것은 매우 크다. 친절한 행동도 말로 살 수 있는 법이다.

이 세상에는 아무런 도움도 되지 않는 것은 하나도 없다. 어떤 사람이라 할지라도 일 년에 한 번 정도는 필요할 때가 온다. 뜻밖의 사람에게 도움을 받게 되는 경우도 있는 법이다. 그러므로 공연히 적을 만드는 행동은 하지 말아야 한다. ✝

언제나 자신을 새롭게 거듭나게 하라

뛰어난 업적도 언젠가는 낡은 것이 되며 그와 함께 명성도 잦아든다. 무슨 일이나 익숙해지면 감탄하는 마음도 줄어들며, 커다란 업적을 이룬 사람이라 할지라도 나이를 먹으면 이렇다 할 장점도 없는 신인들에게 추월을 당하게 된다.

따라서 용기나 지성 그리고 행운과 그 외의 모든 것에 있어서 언제나 자신을 새롭게 태어나게 해야 한다. 재능의 빛을 되찾고, 태양처럼 되풀이해서 모습을 드러내며, 새로운 자신의 자리를 만들어내라. 힘을 아끼며 재능을 전부 내보이지 않으면 사람들은 이를 안타까워할 것이다. 바로 그때 모든 재능을 발휘하면 박수갈채를 받게 될 것이다. ✝

일을 시작할 때, 과도한 기대감을 심어주지 말라

기대감을 품게 하면 실망도 크다. 머릿속으로는 잘할 수 있을 것 같은 일도 실제로는 여러 가지 어려움이 따르기 마련이다. 일을 시작할 때는 사람들에게 과도한 기대감을 심어주지 말라.

상상에 소망이 더해지면 현실과는 완전히 동떨어진 기대감을 품게 된다. 그렇게 되면 결과가 아무리 좋아도 기대에 미치지 못하기 쉽다. 상상했던 것에 미치지 못하면 훌륭하게 해낸 일에도 실망을 느끼기 때문에 칭찬은 좀처럼 들을 수 없다.

이런 간극을 만들어내는 원흉이 바로 희망이다. 양식에서 우러나온 생각을 바탕으로 희망에 브레이크를 걸어야 한다. 그렇게 하면 바라던 것 이상의 기쁨을 얻을 수 있다. 처음에는 사람들의 호기심을 자극하는 정도가 좋다. 기대감을 갖게 해서는 안 된다. 현실이 예상을 상회하고, 생각했던 것 이상의 결과를 얻게 된다면 대성공이다. ₮

제8장

행운을
부르는 지혜

행운이라는 별은 누구에게나 찾아온다

아무리 운이 없는 사람이라 할지라도 행운의 별이 하나쯤 있기 마련이다. 지금 운이 없다면 어느 것이 자신의 별인지 알지 못하기 때문이다.

비슷한 능력을 가지고 있음에도 불구하고 행운을 잡는 사람이 있는가 하면 그렇지 못한 사람도 있다. 행운의 여신이 제 마음대로 운명의 카드를 뽑아들기 때문이다.

자신의 운이 어디에 있는지, 자신에게 맞는 일이 무엇인지를 잘 파악해야 한다. 거기에 인생의 성패가 달려 있다. 행운의 별을 놓치지 않도록 하라. 다른 별을 추구하거나 행운의 별이 있는 별자리로부터 등을 돌려서는 안 된다. ✝

행운을 잘 요리할 수 있는 능력을 길러야 한다

아무리 맛있는 산해진미가 눈앞에 있어도 위장이 튼튼하지 못하면 먹지 못한다. 그 어떤 행운이 찾아온다 해도 그것을 충분히 활용할 수 있는 힘을 가지고 있지 못하면 그것을 놓쳐버리고 만다.

현명한 사람은 아무리 많은 행운이 찾아온다 하더라도 그것을 전부 먹어치울 수 있을 만큼 튼튼한 위장을 가지고 있다. 재능이 풍부한 사람이라면 언제, 어떤 경우에 행운이 찾아온다 하더라도 당황하지 않고 그 기회를 이용할 능력을 가지고 있을 것이다.

맛있는 음식이 눈앞에 있음에도 불구하고 위장이 받아들이지 못해 그것을 먹지 못하는 자들이 있다. 이와 마찬가지로 높은 지위에 오를 수 있는 행운이 찾아왔음에도 불구하고 선천적으로 그런 자리에 어울리지 않는 사람이나 그런 자리에 익숙하지 않은 사람은 모처럼 찾아온 기회를 놓쳐버린다.

그런 사람들은 인간관계를 원만하게 유지하지 못하며, 어리석은 명예심에 휩싸여서 올바른 판단을 내리지 못하고, 어떤 일에나 망설이게 된다. 높은 지위에 올랐다는 사실만으로도 머릿속이 혼란스러워져서 그 행운을 제대로 받아들일 만한 여유를 갖지 못하기 때문이다.

자신이 뛰어난 능력을 가진 사람이라고 생각된다면 아직도 행운을 받아들일 만한 여유가 있다는 사실을 스스로 드러내 보이고 그릇이 작게 보일 만한 행동은 절대 하지 않도록 주의해야 한다. †

행운이 와도 불행이 와도 냉정함을 잃지 마라

냉정함을 잃어서는 안 된다. 그럴 수 있는 자만이 정신적으로 성숙한 참된 인간이다.

희로애락 등 감정의 변화가 심한 것은 마음이 안정되지 않았기 때문이며, 격정은 도를 넘어서면 판단력을 흐리게 하는 고질병이 된다. 이 병이 입에까지 옮으면 그 사람의 평판까지도 나빠지게 된다.

감정을 끝까지 자제하라. 그렇게 하면 그 어떤 행운이 찾아온다 해도, 또 그 어떤 불행에 휩싸인다 해도, 당황하지 않을 것이다. 아니, 오히려 모든 사람들이 그 초연한 자세를 칭찬할 것이다. ✝

사려 깊은 사람만이 행운과 불행을 구별할 줄 안다

행운에도 법칙이 있으며, 현명한 사람은 모든 일이 우연히 일어나지 않는다는 것을 잘 알고 있다. 노력을 통해서 행운을 부를 수 있는 것이다.

어떤 자는 행운의 여신이 살고 있는 신전의 문 앞으로 다가가 여신이 나타나기만을 조용히 기다린다. 또 어떤 자는 조금 더 지혜를 발휘해서 신중하고 과감하게 신전의 문을 지나 안으로 들어간다. 그리고 용기와 미덕의 날개를 타고 대담하게 여신이 있는 곳으로 찾아가 여신을 자신에게로 불러들인다.

참된 현자는 오로지 '사려와 미덕'만을 자신의 행동 지침으로 삼는다. 왜냐하면 사려 깊은 사람만이 행운과 불행을 구별할 수 있기 때문이다. ✝

불행한 사람을 멀리하고 현자를 가까이 하라

불행은 어리석은 행동의 결과로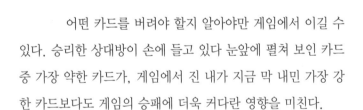
찾아온다. 불행만큼 전염성이 강한 것도
없다. 아무리 작은 것이라 할지라도 재
앙에게 결코 문을 열어줘서는 안 된다. 그
뒤에는 훨씬 더 큰 재앙이 숨어 있기 때문이다.

어떤 카드를 버려야 할지 알아야만 게임에서 이길 수
있다. 승리한 상대방이 손에 들고 있다 눈앞에 펼쳐 보인 카드
중 가장 약한 카드가, 게임에서 진 내가 지금 막 내민 가장 강
한 카드보다도 게임의 승패에 더욱 커다란 영향을 미친다.

혼란스러울 때는 현명한 사람이나 사려 깊은 사람 곁
에 붙어 있어야 한다. 그런 사람에게는 언젠가 행운이 찾아오
기 때문이다. ✝

맑은 날에도 우산을 준비하라

행운이 찾아왔을 때 사람들의 호감을 더 쉽게 살 수 있으며 우정도 돈독하게 쌓을 수 있다. 비 오는 날에 대비해서 호감과 우정을 축적해둬라. 역경에 처하게 되면 필요한 것도 좀처럼 손에 넣지 못한다. 그리고 수중에는 아무것도 남아 있지 않게 된다.

자신을 흠모하는 친구나 감사의 마음을 잊지 않는 사람들을 소중히 여겨야 한다. 지금은 하찮은 것이라 할지라도 언젠가는 그 고마움을 알게 될 날이 올 것이다.

비열한 사람은 모든 일이 순조롭게 진행될 때에도 친구가 없다. 상대방을 친구로 인정하지 않기 때문이다. 그런 사람이 역경에 빠져 친구를 찾으면 이번에는 다른 사람들이 그를 상대하려 들지 않을 것이다. †

미인도 때에 따라서는 아름답지 않다

살다보면 틀림없이 운이 없을 때가 있다. 그럴 때는 무슨 일을 해도 잘 풀리지 않는다. 다른 일에 손을 대봐도 여전히 운이 따르지 않는다. 두어 번 시도를 해보고 운이 없다는 사실을 알았다면 바로 손을 떼야 한다. 이번만은 다를 것이라고 계속 시도하는 것은 결코 현명하지 못하다.

머리도 잘 돌아가는 날이 있는가 하면 그렇지 않은 날도 있다. 언제나 올바른 판단을 내리는 사람은 이 세상 어디에도 없다. 편지를 한 통 쓸 때도 운이 좋으면 좋은 내용의 글을 쓸 수 있다. 그와 마찬가지로 행운이 찾아오지 않으면 좋은 지혜도 떠오르지 않는 법이다. 무슨 일이든 시기가 좋지 않으면 좋은 결과를 기대할 수 없다. 미인도 아름답지 않게 보이는 때가 있다. 무슨 일이든 이치에 맞게 생각하는 날이 있는가 하면, 이치에 맞는 생각이라고는 조금도 찾아볼 수 없는 날도 있다. 그럴 때, 정확한 판단을 내릴 수 없다.

만족할 만한 성과를 올리기 위해서는 무슨 일에나 그에 합당한 시기가 있는 법이다. 하는 일마다 헛수고를 하는 날이 있는가 하면 아무런 어려움 없이 일을 척척 해치우는 날도 있다. 무슨 일을 해도 순조롭게 풀리며, 머리도 맑고, 마음도 안정되어 있다는 것은 행운의 별이 그의 머리 위에서 반짝이고 있다는 것이다. 그런 날이 찾아오면 그 기회를 놓치지 말고 철저하게 이용해야 하며 한순간도 소홀히 해서는 안 된다.

단, 운이 나쁘다고 해서 완전히 불행에 휩싸였다고 생각하는 것은 현명하지 못한 처사이다. 이와 마찬가지로 한두 번 운이 좋았다고 해서 행운이 찾아온 것이라고 속단해서도 안 된다. ☨

행운의 여신이 눈길을 주면 앞뒤 가리지 말고 대담하게 돌진하라

무엇인가를 시작할 때는 자신의 성격을 알고 체질을 파악하는 일보다도 운을 살펴보는 게 더욱 중요하다.

운명의 여신을 움직이는 법을 익히기 바란다. 때로는 좀처럼 모습을 드러내지 않아 마냥 기다려야 할 때도 있고 때로는 마음껏 이용해야 할 때도 있다. 여신의 변덕스러운 행동을 완전히 파악할 수는 없지만 길들일 수는 있다.

여신이 눈길을 주면 앞뒤 가리지 말고 대담하게 돌진하라. 요염한 여자가 활기찬 사내를 좋아하듯이, 여신은 두려움을 모르는 용맹한 자를 좋아한다. 운이 없을 때는 그저 가만히 있는 것이 가장 좋다. 더 이상 실수를 범하지 않도록 조용히 있는 것이다. 여신을 길들이기만 한다면 담대하게 첫발을 내딛을 수 있을 것이다. †

제9장

지혜를
더하기 위한
지혜

능력이 일시적이라면 지혜는 영원하다

제아무리 뛰어난 능력을 지녔다 하더라도 때가 맞지 않으면 그 힘을 발휘하지 못한다. 그들 모두 자신에게 맞는 시대에 태어났다고는 볼 수 없으며, 또 가령 그렇다 하더라도 그 이점을 완벽하게 활용한 사람은 그리 많지 않다. 다른 시대에 태어났더라면 그 이점을 활용할 수 있었던 사람도 있다. 아무리 뛰어난 사람이라 할지라도 어느 시대에서나 그 능력을 발휘할 수 있는 것은 아니다.

무슨 일에나 시기라는 것이 있다. 아무리 뛰어난 능력이라 할지라도 그 성쇠를 면할 수는 없다. 하지만 지혜는 다르다. 지혜에는 영원한 생명력이 있다. 지금 지혜가 요구되는 시대가 아니라고 한다면, 다른 시대에도 지혜는 요구되지 않을 것이다. ✝

지혜를 줄 때는 신중하게, 받을 때는 조심스럽게

기억력에 의존하기보다는 지성에 의존하는 편이 좋은 결과를 얻는 경우가 더 많다. 때로는 내가 상대방을 깨닫게 해야 하며, 또 때로는 그들과 앞일에 대해서 상의를 하는 것이 좋을 때도 있다. 이제 실행에 옮기기만 하면 될 정도로 시기가 무르익었음에도 불구하고 그것을 깨닫지 못해 기회를 놓쳐버리는 자가 적지 않다. 이럴 때는 한마디의 조언을 통해 지금이 그 시기임을 지적해주면 좋을 것이다.

당면한 문제가 무엇인지 즉석에서 판단할 수 있는 것은 뛰어난 재능이다. 그 능력이 없기 때문에 성공 가능성이 있음에도 불구하고 꽃을 피우지 못한 사람들이 많다.

지혜로운 자는 지혜를 다른 사람에게 나눠주고, 지혜가 없는 자는 지혜를 다른 사람에게서 구하라. 지혜를 주는 자는 신중하게, 받는 자는 조심스럽게 그것도 노골적으로 말하지 말고 넌지시 암시하는 걸로 그쳐라. 특히 조언해줄 사람의 이해관계가 얽힌 문제에 대해서 언급할 때는 이 사실을 잊어서는 안 된다.

상황을 잘 판단해서, 에둘러서 말하는 것만으로 결판이 나지 않을 때는 솔직하게 모든 것을 털어놓아라. 처음에는 '노'라는 대답을 들었지만, 다음에는 여러 가지 방법을 동원해서 '예스'라는 대답을 이끌어낼 수도 있다. 대부분 시도해보지도 않기 때문에 바라는 것을 얻지 못하는 경우가 더 많다. ✝

현자의 지혜를 탐하라!

모르는 것이 있으면 알고 있는 사람에게 물어봐라. 살아가기 위해서는 자신의 것이든 빌린 것이든 지혜가 필요하다. 하지만 세상에는 자신이 무엇을 모르는지조차 모르는 자가 많으며, 아무것도 모르면서 매우 지혜로운 사람처럼 행세하는 자들도 있다.

바보에게 듣는 약은 없다. 무지한 자는 자신에 대해서 알지 못하기 때문에 자신에게 무엇이 부족한지 알려 하지 않는다. 자신은 이미 모든 지혜를 맛보았다고 착각하지만, 이 사실을 알았다면 현자로서 그 이름을 남겼을 사람들도 있다.

다른 사람에게 조언을 구한다고 해서 위엄에 손상이 가는 것도 아니며, 재능을 의심받게 되는 것도 아니다. 오히려 더욱 좋은 평가를 얻기도 한다. 불행에 맞서 길을 개척하고자 할 때는 도리에 밝은 사람의 지혜를 빌려라! ✝

지혜와 용기는 수레의 양 바퀴이다

지혜와 용기가 수레의 양 바퀴가 되어 커다란 일을 가능하게 한다. 지혜와 용기는 모두 불멸하기 때문에 사람들에게 불멸의 영광을 가져다준다. 인간의 크기는 지혜에 따라 달라진다. 지혜가 있는 사람에게 불가능이란 없다.

평범한 사람은 머리 위에 있는 파리도 쫓지 못한다. 지혜가 눈이 되고 용기가 손이 된다. 용기 없는 지혜는 아무짝에도 쓸데없다. ✝

양식 없는 지식은 필요악이다

지식과 올바른 목적이 결합되면 풍성한 열매를 맺는다. 지식이 사악한 목적과 결부되어서는 안 된다. 악의는 완전무결한 것까지도 좀먹는다. 거기에 지혜까지 가세한다면 그것을 막을 수 있는 것은 아무것도 없다.

뛰어난 재능이 비열함에 물들면 그 앞길에는 파국만이 있을 뿐, 양식 없는 지식은 막대한 피해를 준다. ✝

사람들과의 대화 속에서 얻는 지혜가 큰 도움이 되기도 한다

지식을 풍부하게 쌓으라. 현명한 사람은 세련되고 고상한 지식을 쌓아 그것으로 무장한다. 그것은 저속한 소문 같은 것이 아니라 오늘날의 여러 가지 현상들에 대한 실제적인 지식이다.

일곱 가지 교양과목*으로 식견을 높일 수 있다 할지라도, 사람들과의 얘기 속에서 얻는 지혜가 훨씬 더 커다란 도움이 되기도 한다. ✝

---

* 중세 유럽 학교에서 가르쳤던 교육과목. 문법, 수사학, 논리학, 산술, 지리, 천문, 음악

재능은 지성과 품성에 의해서 개발된다

재능은 지성과 품성이라는 두 가지 요소에 의해 만들어지며 개화한다. 그중 한 가지만 부족해도 성공을 장담할 수 없다. 높은 지성을 가진 것만으로는 충분하지 못하며, 이에 어울리는 품성도 갖추고 있어야 한다. 어리석은 사람은 자신을 둘러싸고 있는 상황, 입장, 교우관계를 소홀히 여겨 스스로 걸림돌을 만든다. †

생활에 필요한 실용적인 지식을 익혀라

고상한 사색에만 잠겨 있으면 세상일에 어두워지게 된다. 누구나 알고 있는, 생활에 꼭 필요한 지식을 모르기 때문에 천박한 일반대중의 웃음거리가 되며 무지한 사람이라고 여겨지는 것이다.

따라서 현자라 불리는 사람들도 비웃음거리가 되지 않을 정도의 실용적인 지식을 알아두어야 한다. 사무적인 일이나 일을 처리하는 사소한 방법 등을 알아두어야 한다. 그것은 인생에 있어서 그리 중요한 문제가 아닐지도 모르겠지만 생활에 있어서는 꼭 필요한 것들이다.

실제로 도움이 되지 않는 지식은 이 세상에 없는 것과 다를 바 없다. 오늘날에는 살아가는 기술을 알고 있는 자가 참된 지식인이라는 소리를 듣는다. ✝

제10장

보다 나은
인생을 보내기
위한 지혜

세상의 모든 것들을 맛볼수록 인생이 풍요로워진다

폭넓은 분야에 흥미를 갖고 지식을 넓힐수록 인생은 더욱 즐거워진다. 이 세상의 훌륭한 것들을 맛보는 기술은 인생을 잘 살아가기 위한 하나의 방법이다.

인간 속에는 자연의 모든 요소들이 담겨져 있다. 조물주가 그렇게 만들었다. 심미안을 키우고 지성을 쌓으며 모든 기술을 총 동원해서 이 세상의 모든 것들을 충분히 맛보도록 노력해야 한다. ✝

휴식 없는 삶은 괴롭다

나날의 일상에 쫓겨 억척스럽게 살아가는 삶에 만족해서는 안 된다. 휴식이 없는 삶은 괴로운 것이다. 그것은 여관에 들지 않고 긴 여행을 계속하는 것과 같다.

멋진 인생을 보내기 위해서, 우선은 고인故人들과 대화를 하며 시간을 보내면 좋을 것이다. 인간은 지식을 넓히고 자신을 알기 위해서 태어난 존재이다. 책은 사람을 참된 인간의 길로 안내하는 성실한 안내자이다.

그리고 두 번째로 해야 할 일은 지금 시대를 살아가는 사람들과 이야기를 나누는 것이다. 이 세상에 있는 모든 멋진 것들에 시선을 돌려라.

세 번째로 해야 할 일은 자신과의 대화이다. 철학적인 사색에 잠기는 것은 세상에서 가장 숭고한 기쁨이 된다. ╫

신념에 따라 행동하고, 진실의 편에 서라

정의를 부르짖는 사람은 많지만, 정의를 실천하는 사람은 거의 없다. 설령 정의를 행하더라도 위험이 미치지 않는 범위 내에서만 한다. 조금이라도 신변에 위협을 느끼면 사기꾼들은 정의를 버리며, 정치가들은 교활하게 정의의 깃발을 내리고 모른 척 시치미를 뗀다.

정의는 때때로 우정, 권력은 물론 자신의 이익조차도 거침없이 던져버린다. 약삭빠른 사람들은 교활한 궤변을 늘어놓으며 '보다 고매한 목적을 위해서' 혹은 '안전을 확보하기 위해서'라는 그럴듯한 명분을 내세운다.

하지만 진실된 사람은 이러한 속임수를 용서할 수 없는 배신이라 생각하고 약삭빠르게 입장을 바꾸지 않는다. 더욱 자부심을 갖고 신념에 따라 행동하며, 언제나 진실의 편에 서려고 한다. †

벌은 꿀을 찾아 날고, 뱀은 독을 찾아 돌아다닌다

어떤 일에서나 좋은 점을 찾아낼 줄 아는 것은 그 사람에게 주어진 행운이라고 할 수 있다. 벌은 달콤한 꿀을 찾아 날아다니며, 뱀은 씁쓸한 독을 찾아 돌아다닌다. 사람의 취향도 이와 마찬가지로 좋은 면만을 보려 하는 사람이 있는가 하면 나쁜 면에만 시선을 돌리는 사람도 있다.

세상에는 불행한 성격을 가진 사람들이 있는데, 그들은 뛰어난 자질을 헤아릴 수도 없이 많은 사람의 유일한 결점을 찾아내 비난하고, 대수롭지도 않은 결점을 큰일이라도 난 것처럼 떠들고 다닌다. 사소한 착각이나 잘못된 판단 등 다른 사람의 하찮은 실수를 눈에 불을 켜고 찾아내며 좋지 않은 점만을 찾아다닌다.

하지만, 사람의 오점이나 결점을 찾아내는 일이 곧 마음의 부담이 되어 견딜 수 없는 고통에 시달리게 될 것이다. 그 고통은 어리석음에 대해 내려진 형벌인데, 그들이 아무리 고통스러워할지라도 자신의 잘잘못을 깨달았는지는 알 수 없다.

이런 인간이 행복할 리가 없다. 씁쓸한 독을 찾아다니며, 다른 사람의 하찮은 결점만이 뱃속에 가득하기 때문이다. 좋은 취향을 가진 사람은 행복하다. 그들은 결점투성이인 사람에게도 행운의 여신이 내린 몇몇 장점이 있다는 사실을 금방 찾아내곤 한다. ✝

자신만의 고유한 재능을 개발하면 다른 재능도 동시에 개발된다

자신이 가지고 있는 특별히 뛰어난 재능이 무엇인지를 알아두어야 한다. 그 재능을 키우면 다른 자질도 함께 자라난다. 자신의 천성을 잘 파악하고 있으면 누구나 한 분야에서 두각을 나타낼 수 있다. 자신의 특질 중에서도 가장 뛰어난 것이 무엇인가를 파악해 한층 더 힘을 기울여 그것을 단련 시켜야 한다. 뛰어난 판단력을 가진 자가 있는가 하면 용맹스러운 자도 있다.

하지만 대부분의 사람들은 지식을 쌓는 데만 무리하게 노력을 기울여 결국에는 아무것도 이루지 못하고 끝을 맺는다. 주위가 제대로 보이지 않아 자만에 빠지게 되지만 곧 때가 오면 자신의 실수를 깨닫게 된다. 하지만 때는 이미 늦었다! ╪

어리석은 자의 행동에는 눈을 감아라

총명한 자일수록 사람을 보는 눈이 엄격해진다. 지식이 더할수록 인내심이 약해지기 때문이다. 학식 높은 사람의 눈에 차는 사람은 그리 많지 않다.

그리스의 철학자 에픽테토스는 '살아가는 데 있어서 가장 중요한 것은 무슨 일이든 참아내는 것이다. 이 사실을 안다면 인생의 지혜 중 절반을 깨달은 것이다.'라고 말했다. 어리석은 자의 행동을 못 본 척 눈감아 준다는 것은 대단한 인내심을 필요로 한다.

하지만 바로 그때가 인내심을 기를 절호의 기회이다. 인내심은 더할 나위 없는 평안을 사람에게 가져다준다. 그 평안함이야말로 인생에 있어서 가장 커다란 행복이다. ✝

사람들은 아폴론보다는 카멜레온을 좋아한다

모든 저속함을 배제하라. 우선 취향에
서부터 저속함을 배제해야 한다는 것은 말할
필요도 없겠다. 참된 현자는 한시라도 세속의
인기를 얻어야겠다거나 대중의 갈채를 받고 싶
다고 생각하지 않는다.

반면에 사람들의 인기를 모아 그것을 자랑스러워하
는 카멜레온*같은 사람도 있는데 이런 사람들은 아폴론**의 은
밀한 숨결보다 군중들 사이에서 피어오르는 사람 냄새를 더욱
좋아한다.

대중은 범속하고 어리석은 자에게는 칭찬의 박수를
보내지만 참된 조언은 고마워하지 않는다. ✝

* 허영의 상징인 카멜레온은 공기를 먹고 산다고 알려졌다.
** 그리스 신화에 나오는. 예언, 의술, 음악, 시, 광명의 신이다. 후에 태양신과 동일시 되었다.

달콤한 꿀은 날카로운 침을 이웃으로 삼고 있다

정신은 육체보다 더 대담하다. 그것은 검劒을 손에 든 자의 대담함이다. 그 검을 사려분별이라는 칼집에 넣어 만일의 경우에 대비하는 것이 좋을 것이다. 그것으로 자신의 몸을 지키는 것이다. 나약한 정신은 허약한 육체보다 더 큰 해악이 된다. 뛰어난 자질을 가지고 있으면서도 용기가 부족해 마치 죽은 사람처럼 하루하루를 보내거나 권태 속에 파묻혀 사는 사람들이 이루 헤아릴 수 없이 많다.

달콤한 꿀은 날카로운 벌의 침을 이웃으로 삼고 있는데 이는 사려 깊은 자연이 교묘하게 배치를 해놓은 것이다. 사람의 몸에도 신경과 뼈가 있다. 정신도 그저 부드러워서만은 안 되는 것이다. ✝

성향이 반대되는 사람에게는 중용을 배울 수 있다

'성급한 사람은 느긋한 사람과 친하게 지내라.'는 말처럼 각자 자신의 성격과 반대되는 사람을 친구로 고르면 좋을 것이다. 그렇게 하면 특별히 노력하지 않아도 온건하고 절도 있는 사람이 될 수 있다.

자신을 상대방에게 맞추는 것이 중요하다. 정반대되는 성향이 서로에게 작용해서 이 세상에 아름다움이 태어나고, 질서가 유지되며, 자연계뿐만 아니라 인간사회에도 더욱 커다란 조화가 이루어진다.

친구나 부하를 선택할 때도 이 충고를 염두에 두고 판단하기 바란다. 전혀 상반되는 사람들과의 교류를 통해 사려 깊고 분별력 있는 중용의 덕을 익히게 된다. ✝

지성, 판단력, 취미는 삶에 생기를 불어넣는다

인생에 커다란 열매를 맺게 하는 세 가지가 있다. 그 세 가지란 풍부한 지성과 냉철한 판단력, 그 사람에게 어울리는 취미이다.

뛰어난 상상력을 가진 것도 뛰어난 재능이지만, 이성적인 판단이 가능하며 사물을 구별해낼 줄 아는 안목이 더욱 멋진 재능이다. 지성은 날카롭지 않으면 안 된다. 지혜가 결핍된 지성은 아무짝에도 쓸모 없다.

20대에는 의지가, 30대에는 지성이, 40대에는 양식이 인간을 지배한다. 어둠 속에서 들고양이의 눈이 반짝 빛나듯이 세상을 이성의 빛으로 비추는 지혜로운 자들이 있다. 한 치 앞도 보이지 않는 깊은 어둠 속에서 그들의 이성은 더욱 빛을 발한다. †

자신을 위해서만 또는 다른 사람을 위해서만 살지 마라

자신을 위해서만, 혹은 다른 사람을 위해서만 사는 것은 매우 어리석은 삶의 방식이다.

자기만 생각하는 사람은 무엇을 봐도 전부 자신의 것으로 만들고 싶어 한다. 아무리 사소한 것도 다른 사람에게 양보하지 않으며 쾌적한 생활을 지탱해주고 있는 것은 무엇 하나 포기하려 하지 않는다. 다른 사람들이 이런 사람을 좋아할리가 없다.

때로는 남을 위해서 살아봐야 한다. 그러면 사람들도 내게 친절을 베푼다. 공무원으로 일하는 사람이라면 국민들의 심부름꾼이 되어야만 한다. '그 무거운 짐을 짊어지든지 아니면 자리에서 물러나야 한다.'고 어느 노파가 로마의 황제인 하드리아누스에게 말했다.

또 사람들 중에는 남을 위해서만 살아가는 사람도 있다. 이런 어리석고 지나친 행동은 한심하기 그지 없다. 이런 사람에게 자신을 위한 시간은 하루, 아니 단 한 시간도 없다. 오직 다른 사람을 위해서만 봉사하는 것이다.

지식도 마찬가지다. 다른 사람에게 도움이 되는 것이라면 무엇이든 알고 있지만 정작 자신에게 필요한 것은 아무것도 모르는 자들이 있다. 사람들이 다가오는 것은 자신의 이익을 위해서이다. 그들에게 관심의 대상은 상대방이 얼마나 자신에게 도움이 될까 하는 것뿐이다. 다른 사람만을 위해 사는 사람들은 결국 이런 사람들에게 이용만 당하고 정작 자신에게 남은 것은 아무것도 없다. ☩

목표로 삼을 만한 위인을 가슴에 품으라

세상에는 표본이 될 만한 위인들이 얼마든지 있다. 그들은 삶의 교과서이다. 각자 자신의 전문 분야에서의 일인 자를 선택하라. 그 사람을 따르기 위해서가 아니라 그 사람을 따라잡기 위해서다.

알렉산드로스 대왕이 아킬레우스의 무덤 앞에서 눈물을 흘린 것은 아킬레우스를 애도하기 위해서가 아니라, 아킬레우스와 달리 아직껏 명성을 얻지 못한 자신의 처지 때문이었다*.

높이 울려 퍼지는 다른 사람의 명성을 듣는 것처럼 야심을 자극하는 것도 없다. 그것을 들으면 경외하는 마음이 생기고 질투심이 사라져 품격 높은 행동을 하게 된다. †

* 플루타르코스의 『영웅전』에 의하면, 호메로스로 인해 아킬레우스의 이름이 영원히 남게 된 것을 질투한 알렉산드로스 대왕은 그의 무덤 앞에서 눈물을 흘렸다고 한다.

내면에 감춰진 너 자신을 알라

자신의 성격, 지성, 판단력, 감정을 잘 파악하라. 스스로 알고 있지 못하면 자신의 몸조차도 마음대로 움직일 수 없게 된다. 얼굴을 비추는 거울은 얼마든지 있다. 하지만 정신을 비추는 거울은 오직 하나, 자신에 대해서 깊이 생각하는 것 말고는 없다.

외면에 신경을 쓰지 않아도 좋을 정도가 되었다면 내면을 향상시키고 연마하기에 힘을 써라. 무엇인가를 시작할 때는 판단력과 통찰력에 문제가 없는지 잘 확인해보라. 그리고 도전할 만한 힘이 자신에게 충분히 있는지를 판단하라. 지식의 깊이를 측정하고 능력이 어느 정도인지를 미리 파악해 두어야 한다. ✝

세상에서 인정 받으려면, 먼저 저명한 사람들에게 인정을 받아라

무엇이든 마음먹기에 따라 처음부터 끝까지 좋은 점만 보이기도 하고, 나쁜 점만 보이기도 하는 법이다. 어떤 사람에게는 간절한 것일지라도 다른 사람에게는 더할 나위 없이 하찮은 것으로 보이기도 한다.

무엇이든 자기 혼자만의 평가는 어리석기 짝이 없다. 정말 뛰어난 것이라면 그 가치를 인정하는 자가 오직 한 명밖에 없을 리 없다.

사람들의 얼굴이 제각각이듯이 취향도 천차만별이다. 어떤 사람에게는 결점이라고 생각되는 것도 반드시 그 가치를 인정해주는 사람이 있기 마련이다. 설사 자신이 한 일이 일부 사람들에게 좋은 평가를 얻지 못했다 하더라도 결코 낙담할 필요는 없다. 그것을 높이 평가해줄 사람이 어딘가에는 반드시 있기 때문이다. 하지만 그 칭찬에 기뻐하고 있으면 곧 다른 곳에서부터 들려오는 비난을 받게 되므로 중심을 잘 잡아야 한다.

세상에서 인정을 받으려면 저명한 사람들로부터 인정을 받아야 한다. 그런 사람들은 어떤 종류의 일에 대해서든 올바른 판단을 내릴 수 있기 때문이다. 사람은 하나의 생각만을 지키며, 하나의 습관에만 따르고, 하나의 시류에만 영향을 받으며 사는 것이 아니다. ✝

사람들에게 인정을 받는 직업을 선택하라

산들바람이 전하는 생명과 활력을 머금고 꽃이 피듯, 사람들에게 좋은 평가를 얻어야만 참된 인간이 된다.

많은 사람들에게 갈채를 받는 직업이 있는가 하면 그보다도 중요하지만 사람들의 시선을 끌지 못하는 직업도 있다. 전자는 누구의 눈에나 띄는 일이기 때문에 세상 사람들에게 호감을 줄 수 있지만, 후자는 흔하지도 않으며 보다 높은 기술을 요하는 일임에도 불구하고 사람들의 눈에 띄지 않기 때문에 이를 아는 자들이 거의 없다.

재능이 있는 사람은 모든 사람들이 주목하며 목표로 삼고 있는 직업을 택해야 한다. 그러면 세상 사람들에게 인정받아 이름을 영원히 남길 수 있다. ✝

고상한 사람일수록 고상한 취미를 갖는다

지성을 풍부하게 개발 시킬 수 있는 것처럼 취미도 세련되게 만들 수 있다. 취미에 대한 이해가 깊어지면 그것에 더욱 몰두하고픈 욕구가 생겨난다. 그리고 그것을 달성하면 더욱 커다란 희열을 맛볼 수 있다.

뛰어난 사람을 만족시키려면 그럴 만한 가치가 있어야 한다. 커다란 것을 물려면 턱도 커야 한다. 고상한 사람에게는 고상한 취미가 어울린다.

조금의 흠집도 없는 일품 중의 일품은 흔히 볼 수 없다. 가능한 한 많은 것들을 접해 보는 눈을 키우도록 노력해야 한다. 취미는 사람들과의 만남 속에서 향상되며, 나날의 단련을 통해서 자신의 것으로 만들 수 있다. 취미의 정수를 맛본 사람을 만나게 된다면 그보다 더한 행운도 없을 것이다. ⴕ

생각할 때는 소수파, 대화할 때는 다수파가 되라

흐름에 역행하여 배를 젓는다고 해서 진실을 발견하는 것도 아니며, 또한 매우 위험한 일이기도 하다. 이 세상에 만연한 기만은 악과 다를 바 없다. 사람들 앞에서 하는 얘기만 듣고는 누가 현명한 사람인지 구별해낼 수 없다.

현명한 사람은 본심을 드러내지 않으며, 마음 깊은 곳에서는 큰소리로 비난하면서도 이야기를 할 때는 어리석은 대중에 맞춰 말을 하기 때문이다.

사려 깊은 사람은 자신의 의견이 부정당하는 것도, 다른 사람의 생각에 이의를 제기하는 것도 피하려 한다. 마땅히 비난해야 할 점이 눈에 띄어도 사람들 앞에서 좀처럼 입에 담지 않는다. 현명한 사람들은 입을 다물고 물러나 앉아 있으며, 이해심 깊은 극소수의 사람들을 상대할 때만 속내를 털어놓는다. ‡

가장 중요한 일부터 먼저 처리하라

노력을 필요로 하는 일이나 고생스러운 일을 나중으로 미루는 자들이 있다. 가장 중요한 일부터 먼저 처리하고 그런 다음 시간이 있을 때 다른 일을 해야 한다.

싸우지도 않고 승리를 거두고 싶어 하는 자들이 있다. 하찮은 지식을 쌓기에만 힘쓰며, 말년이 되어서도 명성을 가져다주는 유익한 학문은 익히려 하지 않는 자들도 있다. 지금부터 재산을 모아보자고 결심했지만 이미 인생의 말년에 와버린 사람들도 있다. 지식을 쌓는 데도, 인생을 살아가는 데도 때가 있다. ⸶

어리석은 사람은 같은 실수를 반복하고, 현명한 사람은 매번 다른 실수를 한다

한 가지 거짓말을 하면 그것을 수습하기 위해서 더 큰 거짓말을 하게 된다. 어리석은 행동도 이와 마찬가지이다. 어리석은 행동을 어리석은 행동이라고 인정하지 않고 자신을 정당화하려 들면 미궁에 빠져들며, 더욱 커다란 재앙을 부르게 된다.

실수를 하면 벌금을 내야 한다. 자신의 어리석은 행동을 정당화하려 들거나 잘못을 만회하려 어리석은 행동을 거듭하면 벌금은 더욱 불어난다.

현자 중의 현자라 불리는 사람일지라도 한 번 정도는 실수하기 마련이다. 하지만 두 번 되풀이하는 일은 없다. 실수를 했다 할지라도 바로 자신의 잘못을 고치고 잘못된 행동과는 완전히 단절 시키기 때문에 그들이 현자라는 말을 들을 수 있는 것이다. ✝

다른 사람의 행복을 부러워 말고 자신의 행복에 만족하라

무지한 사람은 아무리 커다란 행운이 찾아와도 행복하다고 생각하지 않으며, 지성이 다른 사람보다 떨어진다 해도 불행하다고 생각하지 않는다. 자신의 행복에 만족하지 못하는 사람은 다른 사람의 행복을 부러워하는 법이다. 그들은 지난 일을 그리워하며, 현재에 만족하지 못하고 손이 닿지 않는 곳에 있는 것을 잡으려고 한다. 무엇이든 옛날 것을 좋게 보며, 멀리 있는 것을 소중하게 생각한다.

현재를 무시하는 자는 어떤 일에서도 기쁨을 찾지 못하고 비탄에 빠지게 된다. ✝

희망은 삶의 동력이다

바라는 것이 없다는 것은 행복한 일이지만, 미래에 대한 희망이 없다는 것은 불행한 일이다.

몸은 언제나 숨을 쉬고 있으며, 정신은 끊임없이 무엇인가를 추구하고 있다. 모든 것을 손에 넣는다면 무엇을 봐도 설레지 않을 것이다. 지식에 있어서도 아직 배울 것이 남아 있다면, 호기심을 채워줄 뭔가가 필요하다.

사람은 희망이 있기 때문에 살아갈 수 있다. 무엇이든 손에 넣어 모든 행복을 맛보게 되면 이제 죽음만을 기다려야 할지도 모른다. 상대방의 공적에 보답할 때도 상대방을 완전히 만족시켜서는 안 된다. 바라는 것이 없어진 뒤가 무섭기 때문이다. 행복하기 때문에 불행한 것이다. 욕망이 사라지면 공포가 엄습하는 법이다. ✝

행동할 때는 신속하게, 즐길 때는 느긋하게

서둘러서는 안 된다. 행운이 다한 뒤에도 삶은 남아 있다. 행복한 순간을 마음껏 맛보지 못하고 헛되이 보내다가, 행운이 떠난 뒤에 뒤돌아서 행복했던 시간으로 되돌아가고 싶다고 바라지만, 그것은 이룰 수 없는 바람이다.

급한 성격을 참지 못해 무슨 일이든 뒤죽박죽 서둘러 처리해버린다. 평생이 걸려도 소화하지 못할 것을 하루 만에 먹어치우려 한다. 앞날의 성공을 믿고 지금 해서는 안 될 일에 손을 대며, 단번에 시간을 뛰어넘으려 한다.

인생에는 행운이 찾아오는 날보다 그렇지 못한 날이 더욱 많다. 행동해야 할 때는 신속하게 행동하고, 즐길 때는 천천히 즐겨야 한다. 그렇게 하지 않으면 시간이 흐른 뒤에, 훌륭한 업적을 거둘 수 있을지는 몰라도 삶은 매우 황폐해져 있음을 알게 된다. ✝

Great Message 189*

불행과 맞서 싸우다보면 운명도 바뀌게 된다

괴로운 상황에 직면했을 때, 용기만큼 의지가 되는 것도 없다. 용기가 없는 자는 마음을 단련하는 데 힘써야 한다. 용기가 넘치며 자신감이 있는 사람은 어떤 고뇌에도 잘 견딘다. 결코 운명에 굴복해서는 안 된다. 운명에 굴복하면 불운이 또 다른 불운을 불러와 더욱 견디기 어려운 상황에 직면하게 될 것이다.

고뇌의 한가운데서 그저 팔짱만 끼고 있는 사람들이 있다. 그들은 고뇌를 견디는 방법을 모르기 때문에 더욱 괴로운 고통을 맛보게 된다. 자신에 대해서 잘 알고 있는 사람은 생각에 생각을 거듭해 자신의 약점을 극복한다. 분별력 있는 사람은 어떤 일에도 굴하지 않으며 운명까지도 바꿔버린다.

진실은 깊은 곳에 은밀히 감춰져 있다. 그래서 소중하다

사물의 겉모습에 현혹되지 말고 깊은 내면으로 시선을 돌려라. 이 세상에 겉모습과 일치하는 것은 거의 존재하지 않는다. 무지한 사람은 겉모습만을 보기 때문에 무슨 일이든 끝까지 해보기 전에는 그 실체를 파악하지 못한다. 무엇이든 처음에 보이는 것은 거짓이라고 생각해도 좋다. 하지만 부박浮薄하고 어리석은 사람은 그 거짓의 그물에 걸려들고 만다.

진실은 언제나 나중에 보이는 법이다. 시간의 흐름과 함께 천천히, 가장 마지막에 모습을 드러낸다. 사려 깊은 자는 만물의 어머니인 자연이 귀를 두 개 주었다는 사실에 감사하며 한쪽 귀는 진실을 듣기 위해서 남겨둔다.

진실은 깊은 곳에 은밀히 숨겨져 있다. 그것을 꿰뚫어 볼 힘이 있는 현자들은 바로 그렇기 때문에 진실을 더욱 중요하게 여기는 것이다. ✝

폭풍이 휘몰아 칠 때는 바다에 나가지 마라

파도가 거칠 때는 바다에 접근하지 않는 것이 현명한 것처럼, 친구나 지인들 혹은 세상 사람들의 마음에 동요가 일었을 때는 가만히 놔두는 것이 상책이다. 여러 사람들과 함께 살다 보면 당연히 감정의 엇갈림이 생겨 소란이 일어나게 되는데, 그런 폭풍우가 휘몰아칠 때는 안전한 항구로 대피해서 파도가 잔잔해지기를 기다리는 것이 최선의 방책이다.

사태를 수습하겠다고 어설프게 손을 내밀었다가는 오히려 더 큰 재앙을 부르게 될지도 모른다. 모든 것을 흐름에 맡기고 사람들의 마음이 올바른 방향으로 향하기를 기다려라. 현명한 의사는 언제 손을 써야 하는지, 또 언제 손을 써서는 안 되는지를 잘 알고 있다. 때로는 아무런 치료도 하지 않는 게 환자를 위해서 좋은 경우도 있다. 손을 들어 항복해버리는 것이 미친 듯이 날뛰는 사람들의 마음을 진정시키기도 한다.

한동안 시간이 흐르기를 기다리면 소란도 곧 잔잔해지는 법이다. 맑은 물을 흐리는 것은 아주 간단하다. 하지만 그것을 이전처럼 깨끗한 물로 만드는 것은 사람의 힘으로 할 수 없는 일이며, 그저 그대로 내버려둘 수밖에 없다. 소동이 일어났을 때는 모든 것을 그대로 내버려두고 저절로 가라앉을 때까지 기다리는 것이 최선책이다. ‡

긁어 부스럼을 만들지 마라

살다보면, 심각하게 고민해야 할 정도로 중대하고 복잡한 문제는 그리 자주 일어나지 않는다. 그냥 내버려두면 될 일을 진지하게 생각하는 건 어리석다. 문제가 될 만한 일이라 할지라도 그냥 방치해두면 어느새 하찮은 일이 되기도 한다.

하지만 이와는 반대로 하찮은 일에 자꾸만 신경을 쓰다 보면 커다란 문제로 발전해버린다. 때로는 문제를 해결하려고 손을 썼다가 새로운 문제를 일으키기도 한다. 살아가는 동안 어떤 일에 손을 대지 않고 그냥 내버려둠으로 해서 해결되는 경우가 생각보다 많다. ✝

무례한 행동보다는 지나친 예의가 훨씬 낫다

예의는 교양인이 갖추어야 할 중요한 요건 중 하나이며, 그것이 하나의 매력이 되어 사람들의 마음을 사로잡기도 한다. 예의 바른 사람은 모든 사람들로부터 사랑 받는다.

이와 반대로, 사람들은 거친 사람을 경멸하고 싫어한다. 자만심이 너무 강해서 무례한 행동을 하는 사람은 다른 사람의 미움을 산다. 가정교육을 제대로 받지 못해 예의를 모르는 사람은 멸시를 당한다. 예의에 무감각해서 정중하지 못한 행동은 상대방을 존중하는 태도라고 말할 수 없다. 지나치게 예의 바르게 행동하는 편이 차라리 나을 것이다.

상대방을 만날 때 예의를 지키면 상대방도 예의를 갖춰 나를 대할 것이다. 이것이 상대방을 존중하고 예의 바르게 행동함으로 해서 얻을 수 있는 이익이다. 다른 사람에게 예의 바르게 행동한다고 해도 잃을 것은 아무것도 없다. ╫

새 술은 새 부대에 담아라

지식이 존중받지 못하는 시대라면 무지를 가장하는 것이 좋다. 사고방식이 변하면 그에 따라서 가치관도 변한다. 지난날의 사고방식은 통하지 않는다. 현대에 맞는 가치관을 지녀야 한다. 지난날의 행동방식, 사고방식이 아무리 마음에 든다 하더라도, 오늘날에 유행하는 옷을 입는 것처럼 생각도 현대의 옷을 입혀야 한다.

지금 어떤 것이 우세한지를 잘 파악해야 한다. 무슨 일에 있어서나 이것이 중요하다. 필요하다면 우선 시대의 흐름에 맞춰서 세상 사람들이 인정하는 가치관을 따르다가 차후에 자신의 목표를 향해 나갈 필요가 있다.

이 사실을 염두에 두고 살아간다면 크게 문제될 것은 없지만 한 가지 예외가 있다. 그것은 인간의 덕과 관련된 문제이다. 진실을 말해야 한다거나, 약속을 지켜야 한다는 등, 옛

날부터 미덕으로 여겨왔던 것들 중 많은 것들이 지금은 시대착오적인 생각이라고 여겨지게 되었다. 하지만 사람은 언제나 도덕에 어긋나지 않는 삶을 살아야 한다.

덕망 높은 사람은 언제나 사람들의 사랑을 받아왔지만, 지금은 먼 옛날 한가로운 시대에나 존재하던 사람들이라고 취급된다. 오늘날에도 그와 같은 사람들이 없는 것은 아니지만, 있다 하더라도 매우 드물며, 사람들은 그들을 본받으려 하지 않는다. 유덕한 인사는 좀처럼 찾아볼 수 없으며 악덕만이 판치고 있는 현대는 그 얼마나 슬픈 시대란 말인가?╫

위험한 다리는 건너지 마라

　　　모든 일의 양극단에는 커다란 간극이 있어서 그리 간
단하게 진로를 바꿀 수 없다. 때문에 사려 깊은 사람들은 언제
나 중용을 지킨다. 그들은 생각에 생각을 거듭한 뒤에 몸을 움
직인다. 위험을 극복하기보다는 몸을 숨기고 있는 편이 훨씬
더 낫기 때문이다.

　　　위험한 다리는 건너지 마라. 궁지에 몰리게 되면 올
바른 판단을 내릴 수 있을지 없을지 모르기 때문에 위험에는
절대 다가가지 않는 편이 좋을 것이다. 한 번 재난에 휩싸이게
되면 더욱 커다란 재난이 차례차례 엄습해와 결국에는 파멸의
늪에 빠지고 만다. †

격렬한 분노의 대항마는 자제력이다

격렬한 분노나 커다란 기쁨에 빠져서 한순간이라도 이성을 잃게 되면 평소의 냉정한 태도와는 전혀 다른 어처구니없는 행동을 저지르게 된다. 한순간의 격정을 참지 못해 평생 후회할 만한 일을 하게 될지도 모른다.

교활한 사람은 일부러 상대방이 화를 낼 만한 덫을 놓아 상대방을 살펴 본심을 알아내려 한다. 뛰어난 사람들의 비밀을 캐내며, 마음 깊은 곳까지 들여다보려 한다.

그런 덫에 대항하기 위해서는 자제력을 발휘하는 수밖에 없다. 충동에 휩싸여 행동해서는 안 된다. 야생마처럼 날뛰는 감정을 억누르는 데는 굉장한 분별력이 필요하다. 격렬한 감정의 소용돌이 속에서도 이성을 잃지 않을 정도의 분별력을 가지고 있다면 무슨 일에나 현명하게 대처할 수 있을 것이다. ✝

어리석은 자의 행복 중 하나는 자기만족이다

자신에게 불만을 느끼며 살아가는 것은 바람직하지 못하다. 그래서는 무슨 일이든 자신감을 가지고 임할 수 없다. 그렇다고 해서 자신에게 완전히 만족하는 것도 역시 좋은 것은 아니다. 그것은 어리석은 자라는 증거이다.

자기만족은 무지에서 생겨난다. 무지는 어리석은 자의 행복이다. 자신은 더할 나위 없이 기쁘겠지만 그에 대한 세상의 평가는 뚝 떨어질 것이다. 다른 사람의 장점이나 뛰어난 능력, 성취한 위업의 가치를 모르기 때문에 자신이 평범하고 하찮은 인간이라 할지라도 만족할 수 있는 것이다.

자신에게 완전히 만족하지 않고 무슨 일에나 주의를 기울여 임하는 것이 좋다. 그 덕분에 좋은 결과를 얻게 될 수도 있고, 설령 그렇지 않다 하더라도, 위로를 얻을 수 있다.

실패했을 경우를 미리 상정해둔다면 실수를 하더라도 크게 당황하지는 않을 것이다.

호메로스도 걸핏하면 조는 실수를 범하곤 했다. 알렉산드로스 대왕도 그 지위를 위협받고, 자신의 꾀에 자신이 넘어간 적도 있었다. 일의 성패는 그때그때 상황에 따라서 달라진다. 멋진 성공을 거둘 때도 있고 실패에 그칠 때도 있다.

하지만 어리석기 짝이 없는 자는 결과가 어떻든 절대 신경 쓰지 않는다. 언제나 자신에게 만족하고 있기 때문이다. 이런 사람들은 가슴속에 공허한 자기만족의 꽃을 피우며, 그 꽃에서 다시 새로운 자기만족의 씨앗을 얻는다. ✝

일보다는 지식을 쌓는 데 시간을 투자하라

자신에게 맞지 않는 일에 휘둘리기보다는 여가를 충분히 즐기는 편이 낫겠다.

시간은 누구에게나 공평하게 주어져 있다. 인생은 귀중한 것이다. 그 소중한 시간을 기계적이고 변화 없는 일에 사용한다는 것은 어리석은 짓이며, 자기 능력 이상의 어려운 일에 매달려 악전고투하는 것도 한심한 일이다. 일이 무거운 짐이 되어서는 안 되며 그 때문에 괴로워해서는 더더욱 안 된다. 그러면 인생은 엉망이 되고, 정신은 병들어 살아가는 것조차 버거워진다.

이런 생각을 지식에도 적용시켜 인간은 억지로 지식을 쌓지 않아도 된다고 생각하는 자들도 있다. 하지만 인간은 지식이 없으면 살아갈 수 없다는 사실을 잊어서는 안 된다. ♱

여신은 떠나는 자에게는 참으로 쌀쌀맞게 대한다

기쁨의 문을 통해서 행운의 여신이 사는 집으로 들어가는 자는 슬픔의 문에서 나올 수 있다. 모든 일은 결말이 중요하다. 박수갈채를 받으며 들어서기보다는 유종의 미를 거두고 퇴장할 수 있도록 노력해야 한다.

운이 좋다고 일컬어지는 사람조차도 순풍에 돛을 단 듯 시작했다가 비극적인 결말을 맞이하는 경우가 종종 있다. 중요한 것은 환호성과 함께 결승점에 도달하는 것이 아니다. 그것은 지극히 당연한 일이다. 그보다는 사람들의 안타까움 속에서 떠나는 것이 더 중요하다.

은퇴하겠다는 사람을 말리는 경우는 극히 드물다. 행운의 여신이 문밖까지 배웅을 나가는 경우 역시 극히 드문 일이다. ✝

매일매일 자신의 목표에 대해 생각하는 시간을 가져라

내일, 그리고 먼 훗날에 대해서도 오늘 생각하라. 생각하는 시간을 갖는 것이 장래를 위한 가장 큰 배려가 된다. 미리 주의를 기울이고 있으면 불운에 휩싸이지 않으며, 먼저 대비를 해놓으면 궁지에 몰리는 경우도 없다. 장래의 어려움에 대비해서 미리 생각해두는 시간을 아껴서는 안 된다. 지혜를 짜내서 위기를 미연에 방지해야 한다.

어려운 사태에 직면했을 때는 숙고에 숙고를 거듭할 필요가 있다. 하지만 잠자리에서까지 고민하면 아무런 도움이 되지 않는다. 궁지에 몰려서 생각이 막혔을 때는 잠들지 못한 채 누워 있기보다는 얼른 자버리는 편이 좋다. 그러면 후에 좋은 생각이 떠오른다.

행동만 앞서며 생각은 뒤로 미루는 자들이 있다. 일의 결말에 대한 책임은 회피한 채 핑계거리만 찾는 무리들이다. 그리고 사전에도 사후에도 전혀 생각이라는 것을 하지 않는 자들도 있다.

　　사람은 목표를 향해 나아가며, 하루하루 그곳에 이르는 길에 대해 생각하며 살아야 하는 법이다. 미리미리 잘 생각해보고 장래를 위한 배려를 하는 것은 수준 높은 삶을 살아가기 위한 최선의 방법이다. ✝

에필로그

이 책의 원저자인 발타자르 그라시안은 17세기 에스파냐의 작가이다. 1601년에 아라곤 지방의 조그만 마을에서 태어나 18세 때 예수회의 성직자가 된 그는 이후 50년 동안 교단활동에 종사했다. 예수회 신학교에서 철학 등을 강의했으며 교장과 같은 관리자에 올랐다. 1646년, 에스파냐가 프랑스와 전쟁을 치를 때에는 종군 사제로 전선에 나가기도 했다. 전선에서 열변을 토하는 그를 병사들은 열렬하게 맞이했으며 '승리의 신부'로 불렀다.

그라시안의 첫 번째 저서는 이상적인 지도자상을 그린 『영웅론』(1637)이었으며, 뒤이어 저술한 『위정자爲政者』(1646)에서는 당시 에스파냐 왕인 페르난도 2세의 정치적, 도덕적인 위대함에 대해서 논했다. 그리고 『현자론』(1646)에서는 현명한 인간이 타락한 사회에서 살아남기 위한 방책에 대해서 고찰했다. 또한 사물의 이치를 깨달은 총명한 사람들이 악의에 가득 찬 어리석고 저열한 인간들과 함께 살아가는 데 필요한 지혜를 집대성한 것이 이 책의 바탕이 된 잠언집 『신탁필휴神託必携』(1647)이다.

이는 그동안의 저작들 속의 글을 뽑아 엮은 것인데, 시간과 장소, 상대방에 따라서 책략을 세우고 기만도 굳이 마다하지 않는 마키아벨리적인 처세술을 담았다. 만년에는 인간생활의 여러 가지 모습을 우의적으로 날카롭게 비판한 소설 『비판자』(전 3권, 1657)를 발표했다. 인간의 악한 모습을 노골적으로 드러낸 이 이야기는 피카레스크 소설의 선구로 불리고 있다.

그라시안은 대부분의 저작에 필명을 사용했으며, 예수회의 허가를 받지 않고 발표를 했다. 교단은 몇 차례에 걸쳐 허가 없이는 저서를 출판하지 말라고 경고했지만 그는 따르지 않았다. 교단의 명령에 따르지 않는 그라시안의 이런 태도는 당연히 상층부의 불만을 사, 『비판자』 제3부를 발표할 당시에는 결국 시골로 추방되어 집필금지와 단식을 명받게 되었다. 그 때문에 건강을 해친 그라시안은 병사하고 만다. 예수회의 기록에 그라시안에 대한 좋은 기록은 남아 있지 않다.

하지만 시간은 그라시안의 무죄를 선고했다고 말할 수 있을 것이다. 『신탁필휴』는 불후의 생명을 얻었으며 아직도 많은 사람들의 애독서로 자리 잡고 있다. 17세기 에스파냐에서 살았던 그라시안의 지혜는 오늘날에도 빛을 발하고 있다. 아니, 사람들의 가치관이 더욱 다양화되고 인간관계가 한층 더 복잡해진 현대에 와서, 실제적인 처세의 지혜를 가르치는 그라시안의 말은 점점 빛을 더해가고 있다. 현대 최고의 테너 가수였던 루치아노 파바로티도 그의 전기에서 『신탁필휴』를 애독서로 뽑았을 정도였다.

『신탁필휴』는 프랑스의 모럴리스트들과, 니체 같은 사상가들에게도 영향을 주었다. 그리고 쇼펜하우어도 그라시안에 깊이 경도되어 훌륭한 독일어 역서를 발표했다. 니체는 "유럽에서 도덕상의 문제에 대해서 이처럼 치밀하고 복잡하게 고찰한 책은 없었다."라고 말했으며, 쇼펜하우어는 "이 책이 가르치는 처세술을 누구나 실행에 옮겨야겠다고 생각할 것이며, 따라서 이 책은 모든 사람들을 위한 책이라고 할 수 있을 것이다. 특히 세상의 제1선에서 활동하고 있는 사람에게는 인생의 좋은 지침서가 될 것이며 앞으로 세상에 나아가 날갯짓하려는 젊은이들에게는 최고의 길잡이가 될 것이다. 이 책을 읽으면 많은 경험을 통해서만 얻을 수 있는 교훈을 미리 손쉽게 배울 수 있을 것이다. 대충 훑어보는 것만으로는 충분치가 않다. 필요에 따라서 몇 번이고 정독해야만 한다. 즉, 평생 옆에 두고 함께해야 할 책이라고 할 수 있을 것이다."라고 말했다.

Memo